Bruno Bleckmann

DER PELOPONNESISCHE KRIEG

Verlag C. H. Beck

Mit 11 Abbildungen und Karten

Originalausgabe

Gesamtherstellung: Druckerei C. H. Beck, Nördlingen
Umschlagmotiv: Aufbruch eines Kriegers (Ausschnitt),
um 430, Vulci, Kleophon-Maler, Stamnos.
Staatliche Antikensammlungen und Glyptothek, München
Umschlaggestaltung: Uwe Göbel, München
Printed in Germany
ISBN 978 3 406 55388 2

www.beck.de

Inhalt

Der Dekeleische Krieg (413–404) 86

Anhang

Einleitung

I. Die historische Bedeutung des Peloponnesischen Krieges: ein Problem

Der von 431 bis 404 ausgefochtene Konflikt zwischen Athen und Sparta ist unter dem Namen «Peloponnesischer Krieg» in die Geschichtsbücher eingegangen. Strenggenommen trifft diese Benennung nicht zu, da die wichtigsten Entscheidungen nicht auf der Peloponnes fielen. Gemeint ist freilich nur, daß die Athener den Krieg gegen die Spartaner und ihre im sogenannten Peloponnesischen Bund zusammengeschlossenen Verbündeten (die Peloponnesier) austragen mußten. In diesem Sinn heißt es bereits beim zeitgenössischen Historiker Thukydides (1,44,2), die Athener hätten schon vor Kriegsausbruch mit der Eventualität eines «Krieges gegen die Peloponnesier» gerechnet. In den einleitenden Bemerkungen seines Geschichtswerks, in denen Thukydides den Gesamtkrieg als historische Einheit beschreibt, spricht er allerdings nicht vom Peloponnesischen Krieg, sondern erklärt, den «Krieg der Peloponnesier und der Athener, wie sie ihn gegeneinander auskämpften,» behandeln zu wollen (Thuk. 1,1). Mit der seit dem Späthellenismus sicher belegten Bezeichnung «Peloponnesischer Krieg» haben aber wohl bereits Redner des vierten Jahrhunderts und Historiker der gleichen Zeit (Ephoros) die athenische Perspektive deutlicher zum Ausdruck gebracht, in ähnlicher Form, wie die Römer aus exklusiv römischer Perspektive die Konflikte mit den Karthagern nicht als «römisch-punische», sondern als «punische» Kriege bezeichnet haben.

Der Peloponnesische Krieg spielte sich anfangs vor allem in Zentralgriechenland und in einigen Teilen der Peloponnes ab, griff dann nach Nordgriechenland aus und wurde zum Schluß in Sizilien, an der kleinasiatischen Ägäisküste und am Marmarameer ausgetragen. Thukydides hat offenkundig selbst zutiefst am Krieg gelitten und das Geschehen als so dramatisch empfunden, daß er vermeldet, «der größte Teil der Menschheit» sei vom kriegerischen Geschehen erfaßt und erschüttert worden. Dementsprechend bezeichnet man den Peloponnesischen Krieg gerne als «antiken Weltkrieg». Aber das Altertum hat weitaus größer dimensionierte Konflikte gekannt, von der brutalen Ausdehnung des assyrischen Großreichs über den Alexanderfeldzug bis hin zur Eroberung Galliens durch Caesar (mit ungefähr einer Million getöteter Gallier!) oder den Kämpfen, die mit der Konstituierung des chinesischen Kaiserreichs unter Qin Shi Huangdi endeten. Die Zahl der Kombattanten im Peloponnesischen Krieg ist meist überschaubar. Selbst der größte am Krieg beteiligte Staat (Athen) hatte maximal 50 000 wehrfähige Vollbürger. Manchmal ging es im Krieg nur um Kämpfe zwischen wenigen Hunderten Menschen, erst mit der Sizilienexpedition (415–413) erreichte er völlig andere Dimensionen. Im letzten Kriegsjahr wurden Flotten von ca. zweihundert Trieren mit insgesamt ungefähr 40 000 Ruderern und sonstigen Besatzungen gegeneinander aufgeboten, was die logistischen Möglichkeiten dieser Zeit schon fast überstieg.

Angesichts der zunächst imposant anmutenden Dauer des Krieges von 27 Jahren ist darauf hinzuweisen, daß viele Gegenden Griechenlands über Jahre oder Jahrzehnte von kriegerischen Aktionen unberührt blieben. Acht Jahre lang währte darüber hinaus zwischen Athen und Sparta zumindest im Mutterland ein prekärer Friedenszustand, der sogenannte Nikias-Frieden. Diese Pause trennt zwei deutlich unterscheidbare Konfliktphasen voneinander, nämlich den sogenannten Archidamischen (431–421) und den Dekeleischen Krieg (413–404). Beide Konfliktphasen verdanken ihren Namen wieder einer rein athenozentrischen Perspektive. Die erste Zehnjahresperiode des Peloponnesischen Krieges (bei Thukydides der «Zehnjährige Krieg») wurde bei den attischen Rednern des vierten Jahrhunderts als der «Archidamische Krieg» bezeichnet, weil aus der Perspektive des einfachen athenischen Bürgers der fast alljährliche Einfall des spartanischen Heeresaufgebots unter der Führung des Königs Archidamos das markante kriegerische Geschehen dieses Zeitraums war, das man von den Stadtmauern aus verfolgen konnte. Das

Gleiche gilt für den Dekeleischen Krieg, der seinen Namen daher hat, daß die Spartaner nun nicht mehr Jahr für Jahr nach Attika einfielen, sondern sich dort gleich an Ort und Stelle nördlich von Athen in der Festung Dekeleia niedergelassen hatten.

Als der Archidamische Krieg 431 ausbrach, lag der letzte große Konflikt mit Sparta gerade einmal fünfzehn Jahre zurück. Und nach der Kapitulation Athens im Dekeleischen Krieg dauerte es nur knapp zehn (innen- und außenpolitisch sehr unruhige) Jahre, bevor der nächste Konflikt, der sogenannte Korinthische Krieg, ausbrach (395). In diesem Krieg versuchte Athen sich zu revanchieren und kämpfte im Bund mit griechischen Mittelmächten erneut gegen Sparta. Auch wenn sich Sparta mit vielen Blessuren und letztlich nur durch den Beistand der Perser dann noch einmal durchsetzen konnte, ging die maritime Vorherrschaft, die Sparta 413/412 erworben hatte, 394 verloren und wurde 386 nur für kurze Zeit in der Flottenkampagne des Antalkidas zurückgewonnen. Mit guten Gründen könnte man daher den Dekeleischen Krieg (413–404) nicht mit dem Archidamischen, sondern mit dem Korinthischen Krieg (395–386) und der Zeit zwischen 404 und 395 zu einer Großepoche verbinden. Weil im Klassischen Griechenland kriegerische Auseinandersetzungen regelmäßig wiederkehren, ist jede Zusammenfassung von Einzelkriegen zu einem Großkonflikt Ermessenssache. Sie ist, wie dies von jeder Periodisierung gilt, das Ergebnis einer subjektiven, von einer bewußten historischen Analyse ausgehenden gedanklichen Entscheidung. Daß das Gesamtgeschehen zwischen 431 und 404 als Einheit, als ein einziger Krieg zu betrachten war, war jedenfalls vielen Zeitgenossen gar nicht bewußt und ist eine (durchaus begründete) Sicht der Dinge, die erst dem Thukydides und später der griechischen Geschichtsdeutung des vierten Jahrhunderts zu verdanken ist.

In der Antike spielte in der Betrachtung der eigenen Vergangenheit der Peloponnesische Krieg keine herausragende Rolle. Wenn dieser Krieg von Rednern der Kaiserzeit zur Sprache gebracht wurde, dann meist nur, weil der Chronist dieses Krieges Thukydides eine große, wenn auch umstrittene, stilistische Autorität besaß. Aber das herausragende kriegerische Ereignis der

Vergangenheit, an das immer wieder erinnert wurde, war der Kampf der griechischen Staatenwelt gegen den Perserkönig, nicht das kleinliche, als innergriechischer Bürgerkrieg geltende Geschehen des Peloponnesischen Krieges. Allenfalls wurden einige Episoden dieses Krieges, wie etwa der Arginusenprozeß, als Belege für die völlige Entartung der athenischen Demokratie angeführt, ohne daß der Kontext noch sehr interessierte. In byzantinischen Weltchroniken des Mittelalters wurde der Krieg ausgeblendet, und man ging von der Geschichte der persischen Monarchie direkt zu Alexander dem Großen über.

2. Thukydides als Historiker des Peloponnesischen Krieges

Im Rahmen der Universalgeschichte betrachtet, war der Peloponnesische Krieg also vordergründig nur von regionaler Bedeutung, und als historische Einheit (bis hin zur erst später geprägten Benennung) muß er strenggenommen als Konstrukt gelten. Und dennoch gibt es gute Gründe dafür, sich auch nach zweieinhalbtausend Jahren gerade mit diesem Geschehen auseinanderzusetzen. Ein und vielleicht der wichtigste Grund liegt sicher darin, daß der Krieg Gegenstand des bedeutendsten Geschichtswerks der Antike geworden ist, der Darstellung des Thukydides. Sie ist, wenn man mit Hegel sprechen möchte, der Gewinn, den die Menschheit aus diesem Krieg davongetragen hat, und mit Hume kann man hinzufügen, daß das erste Blatt des Thukydides den Beginn der wirklichen Geschichte («real history») darstellt.

Thukydides hat nach eigener Aussage sofort bei Ausbruch des Krieges damit begonnen, Aufzeichnungen zu machen. Ihm kam zugute, daß er den Krieg aus verschiedenen Perspektiven erlebte. Zunächst aktiver athenischer Politiker und Militär, mußte er nach seinem Scheitern als Stratege 424 in die Verbannung gehen. Dort konnte er von den Erträgen aus thrakischen Bergwerken leben, die er als Angehöriger eines der großen attischen Adelsgeschlechter mit überregionalen Verbindungen besaß. Als wohlhabender Exulant hatte er nunmehr die Möglichkeit, auch von der spartanischen Gegenseite viel in Erfahrung zu bringen. Das Material, das er über die Jahre aufgezeichnet und zusammengestellt hatte, ist in eine Gesamterzählung eingebracht, die durch die wiederholten Überarbeitungen Brüche aufweist. Einige Passagen seines Werkes (Teile des 5. Buchs und das gesamte 8. Buch) sind künstlerisch weniger bearbeitet als andere, die etwa mit Reden der Protagonisten versehen worden sind. Bestimmte Teile verraten noch die Perspektive des Autors, der gerade den Archidamischen Krieg oder die Sizilienexpedition, aber noch nicht das Kriegsende erlebt hatte, andere Passagen beschreiben und deuten die Geschichte des Gesamtkrieges aus der Perspektive der Niederlage von 404.

Das unfertige Werk bricht mit dem Jahr 411 ab. Offenkundig ist Thukydides, der nach dem Krieg wieder nach Athen zurückgekehrt war, während der Überarbeitung seiner Schrift gestorben. Die letzten, hochdramatischen Jahre des Krieges sind so nicht mehr Gegenstand seiner Erzählung. Für die ersten zwanzig Jahre bildet dagegen die nach Kriegsjahren (Sommerkampagne und Winterpause) chronologisch geordnete Erzählung den Leitfaden, von dem jede moderne Darstellung des Krieges nicht nur im Faktenmaterial, sondern auch in ihren analytischen und reflektierenden Passagen weitgehend abhängig sein muß.

Die Entscheidung, ob man sich vorbehaltlos Thukydides anschließen darf oder nicht, hängt von der Beurteilung seiner Qualitäten als Historiker ab. Sie richtig einzuschätzen, ist deshalb so schwierig, weil Thukydides für die meisten Sachverhalte des Krieges (bis 411) einziger Zeuge ist und paralleles Quellenmaterial nur für ganz wenige Episoden (etwa für den oligarchischen Umsturz von 411) vorliegt. Insgesamt hat aber eine nunmehr seit Jahrhunderten geführte Diskussion um den Quellenwert keine Anhaltspunkte dafür ergeben, daß man Thukydides als Historiker grundsätzlich mißtrauen muß. Sein Bericht blendet sicher mitunter Dinge aus, die dem modernen Historiker als wichtig erscheinen, etwa Einzelheiten zur finanziellen Organisation des Attischen Seebundes oder zur Diplomatiegeschichte. Nicht erwähnt wird beispielsweise die für die Kriegführung und Kriegfinanzierung zweifelsohne hochrelevante sogenannte «Kleonschatzung» von 425 (Thoudippos-Dekret), durch die der den Bündnern aufgezwungene Tribut vervielfacht wurde. Ferner spielt der Friedensvertrag, den Athen und das Perserreich um 448 abgeschlossen haben dürften («Kallias-Frieden»), in der langen Darstellung, die Thukydides den fünfzig Jahren zwischen den Perserkriegen und dem Peloponnesischen Krieg widmet, keine Rolle. Er wird vielmehr nur ganz en passant im achten Buch zur Sprache gebracht (Thuk. 8,56,4). Gerade das letzte Beispiel zeigt, daß die vermeintlichen Lücken sich hier weniger mit der Unvollständigkeit des Geschichtswerks erklären lassen als mit der subjektiven Akzentsetzung des Autors, der Dinge nur dann erwähnte, wenn er sie für seine Gesamtdarlegung als bedeutend empfand.

Die Art und Weise, in der Thukydides unmittelbar erlebte oder in Erfahrung gebrachte Zeitgeschichte zum Gegenstand seiner analytischen Darstellung macht, hatte kein unmittelbares Vorbild. Die Aufzeichnungen des unwesentlich älteren Zeitgenossen Herodot waren beispielsweise gerade nicht zeitgeschichtlicher Natur, sondern behandelten, teilweise in bunten novellistischen, teilweise in halb mythologischen Erzählungen, oft exotische Ereignisse, die zum Zeitpunkt der Aufzeichnungen schon zwei Generationen oder noch länger zurücklagen. Thukydides beschränkte sich dagegen auf den empirisch erfahrbaren eigenen zeitlichen und räumlichen Horizont und stellte innerhalb dieses Horizonts nur bestimmte politische und militärische Handlungen hauptsächlich aus athenischer Perspektive dar.

Die Darstellung und Kommentierung des Krieges stand für ihn in unmittelbarer Nachfolge dessen, was er als athenischer Politiker getan hatte. In den Debatten vor der athenischen Volksversammlung und im Rat hatte sich ein sehr hohes Niveau politischer Argumentation etabliert. Jeder Redner, der etwa für ein außenpolitisches oder militärisches Engagement Athens eintrat, mußte in der Lage sein, eine Skizze der Vorgeschichte dieser oder jener Situation zu entwerfen. Thukydides wirft zwar der athenischen Volksversammlung vor, sich 415 ohne rechte geographische und ethnographische Kenntnisse auf das Abenteuer des Eingreifens in Sizilien eingelassen zu haben. Immerhin wußten aber die Athener ein wenig von der Vorgeschichte der Auseinandersetzung zwischen den sizilischen Städten Segesta und Selinous, sie wußten auch von der Gefahr, die die imperiale Expansion von Syrakus darstellte, und nach einer späten Tradition zeichneten die Athener in privaten Unterhaltungen Kartenumrisse von den fernen, noch zu erobernden Gebieten in den Sand. Im Grunde entsprach damit also auch die Sizilienexpedition dem Regelfall, daß die Athener sich meistens über die Verhältnisse, in die sie eingriffen, informierten. Führte man in einem Jahr militärische Operationen des Vorjahres fort, hatte man Kenntnisse darüber, wie diese Operationen des Vorjahres verlaufen waren. Neben Rat und Volksversammlung gab es auch andere Orte, an denen in konkreter Form politische Sachverhalte diskutiert wurden, etwa in den aristokratischen Zirkeln der Gegner der Demokratie.

Die Darstellung des Thukydides fügte letztlich hunderte solcher meist in Athen diskutierter Situationsdarstellungen, Lagebeurteilungen und analysierender Debatten zusammen, wobei der Historiker in großer Leidenschaft sich nicht zurückhielt, selbst immer wieder (besonders in den Reden der Akteure) seine eigene Sicht der Dinge einfließen zu lassen. Thukydides fühlte sich immer in der Konkurrenz mit den von ihm beurteilten athenischen Politikern, versuchte aber auch, soweit er Informationen hatte, Argumentationen und Motive der nicht-athenischen Politiker nachzuvollziehen. In seinem Geschichtswerk betrieb er selbst insofern Politik, als er die athenische Niederlage im Krieg zu analysieren suchte, und gerade auch in der Nüchternheit seines Stils seine überlegene Einsichtsfähigkeit (*gnome*) demonstrierte, die in seinen Augen als das wichtigste Charakteristikum eines guten Politikers zu gelten hatte. Er wollte, daß den klügeren Köpfen seine argumentativ entwickelte Darstellung und Deutung der Ereignisse als zwingend erschien. Im Endergebnis begründete das Geschichtswerk des Thukydides wegen seines intellektuellen Anspruchs so trotz einer ursprünglich politischen Motivation eine Konzeption, die sich in einigen Punkten der modernen Auffassung von objektiv-wissenschaftlicher Geschichtsschreibung annähert. Der (hierin zweifelsohne von literarischen

Vorbildern wie Homer oder Herodot beeinflußte) Umfang seiner Aufzeichnungen, die über Jahre genährte und durch die Sophistik geschulte Reflexion über Probleme der Politik sprengten dabei die Dimensionen einer bloßen tagespolitischen Analyse und schufen, wie Thukydides selbst stolz vermerkt, ein «Besitztum für immer».

Die ungeheure Bedeutung des Thukydides wird nicht zuletzt deutlich, wenn man die Quellenlage für die letzten Jahre des Peloponnesischen Krieges würdigt, für die Thukydides fehlt. Gerade für die dramatischsten Jahre des Krieges, in denen Sparta, was die Seekriegsführung betrifft, mit Athen gleichgezogen hatte und Flotten von zuvor nicht gekannter Größe sich gegenüber standen, vermißt man einen detaillierten Bericht von der lebendigen Anschaulichkeit des Thukydides. Die Historiker, die das Geschichtswerk des Thukydides fortgeführt haben, bieten keinen gleichwertigen Ersatz. Auf der einen Seite berichtet Xenophon in seinen *Hellenika* nur über einzelne Abschnitte des Krieges, wie etwa über den Arginusenprozeß (406) oder über die Kapitulation Athens (404), relativ detailliert, während er anderes sehr summarisch oder überhaupt nicht behandelt. Sein Bericht erlaubt es nicht einmal, die Chronologie der letzten Jahre des Krieges mit Eindeutigkeit zu rekonstruieren. Auf der anderen Seite hat man zwar einen ausführlichen Bericht eines anderen Historikers, der – teils über Zwischenquellen – von späten Quellen wie Diodor, Plutarch, Cornelius Nepos ausführlich ausgeschrieben worden ist und von dem für den Dekeleischen Krieg auch einige dürftige Papyrusfragmente erhalten geblieben sind. Dieser Bericht hat freilich den Nachteil, in vielem das exakte Gegenteil dessen zu bieten, was der Zeitzeuge Xenophon in Erfahrung gebracht hat, und es spricht viel dafür, daß man es hier mit dem literarisch-rhetorischen Produkt eines in der Mitte des vierten Jahrhunderts schreibenden Autors zu tun hat, der von den Realitäten des Peloponnesischen Krieges keine Anschauung mehr hatte und seine ausführlichen Schlachtberichte frei komponierte. Wo bei Thukydides also Zeitgeschichte mit großem Ernst und innerem Engagement nachvollzogen wird, bietet der eine seiner Fortsetzer nur spärliche Notizen, der andere ein literarisches Spiel, das trotz der Imitation thukydideischer Formen mit dem Anliegen des Thukydides nichts zu tun hat.

Thukydides, der schreibende athenische Politiker, stellt also in jeder Hinsicht eine Ausnahmeerscheinung dar. Die Tiefe und Plastizität der von ihm gebotenen Darstellung des realen politischen und militärischen Geschehens ist von keinem späteren antiken Historiker erreicht worden, und der Peloponnesische Krieg wird aufgrund dieser Qualitäten zum Modellfall des antiken Krieges schlechthin. Einige Aspekte der von ihm beschriebenen Dynamik zwischenstaatlicher Auseinandersetzungen oder massenpsychologischer Phänomene erscheinen so zeitübergreifend, daß sie immer wieder als Anregung eigener historischer Reflexion dienen können und auch gedient haben, beginnend mit Thomas Hobbes und endend mit Arbeiten des 20. Jahrhunderts, die den «Peloponnesischen Krieg» als «antiken Weltkrieg» mit den selbst erlebten Großkonflikten in Verbindung brachten. Das gilt etwa für das Werk des Literaturkritikers Albert Thibaudet mit dem Titel «En campagne avec Thucydide». Es war in den Schützengräben der «Grande Guerre» verfaßt worden und gehörte zu den Bucherfolgen im Frankreich der 20er Jahre des letzten Jahrhunderts. Selbst die amerikanischen «neokonservativen» Denker der heutigen Zeit stützen sich auf wirkliche oder angebliche Lektüre des Thukydides.

3. Der Peloponnesische Krieg und der Verlauf der Universalgeschichte

Aber die historische Bedeutung des Peloponnesischen Krieges erschöpft sich nicht in der Bedeutung seines Historikers Thukydides. Die Niederlage Athens kann als die große Zäsur der griechischen Geschichte der klassischen Zeit gelten. Von der Bevölkerungszahl und von dem Entwicklungsgrad ihrer politischen und ökonomischen Kultur her war allein die Großpolis Athen dazu in der Lage, Ägäis und griechisches Mutterland als stabilen Herrschaftsraum zu organisieren. Noch in der ersten Phase des Peloponnesischen Krieges hatte sich Athen erfolgreich als Hegemonialmacht behaupten können. Das allmähliche Verschwinden kleinstaatlicher Verhältnisse und die (von den Betroffenen natürlich als gravierendes Unrecht empfundene) Einigung des Ägäisraums unter den Willen einer führenden Polis war ein dynamischer Prozeß, der mit den Perserkriegen angefangen hatte und der unaufhaltsam schien. Die völlige Zerstörung der athenischen Flottenmacht in der letzten Phase des Peloponnesischen Krieges brachte diese Entwicklung zum Stehen. Auch wenn die Athener im vierten Jahrhundert erneut zum wichtigsten Polisstaat im Konzert der griechischen Mächte werden sollten, gelang ihnen die unumschränkte Wiederherstellung der «früheren Herrschaft» (Xenophon *Hellenika* 3,5,10) nicht. Zu einer dauerhaften Ordnung und Befriedung der griechischen Staatenwelt kam es nicht mehr, geschweige denn zu einem neuen Einigungs- und Zentralisierungsprozeß. Während nämlich auf der einen Seite das geschwächte Athen die Katastrophe des Peloponnesischen Krieges nicht mehr wirklich überwinden konnte, besaßen die übrigen griechischen Polisstaaten schlichtweg nicht die Voraussetzungen fur die Durchsetzung dauerhafter Führung.

Besonders geringe Eignung zur Hegemonialmacht besaß Sparta, der Sieger im Peloponnesischen Krieg. Mit seiner extrem geringen Zahl von Vollbürgern (Spartiaten) befand sich dieser Staat, der von zeitgenössischen Bewunderern wegen seiner Stabilität gerühmt wurde und den auch eine moderne Forschungsrichtung vom Ruch des Sonderfalls befreien möchte, in Wirklichkeit ständig am Rande einer innenpolitischen Katastrophe. Plastisch wird bei einem Zeitzeugen die Situation in Sparta um 400 zur Sprache gebracht. Wenn unter den von der politischen Partizipation ausgeschlossenen Bevölkerungsgruppen Lakedaimons, von den unterdrückten Heloten über die Perioken bis hin zu den Neodamoden (Heloten, die zu Neubürgern gemacht wurden) und Hypomeiones (Altbürger, die ihre politischen Rechte verloren hatten), die Rede auf die Spartiaten komme, «da könne keiner verbergen, daß er sie wohl am liebsten roh auffräße» (Xenophon *Hellenika* 3,3,6). Den Anschluß an den kulturellen Fortschritt, insbesondere die Entwicklung einer reifen Geldwirtschaft, hatten die Spartaner in selbstgewählter Isolation versäumt, nicht zuletzt deshalb, weil man fürchtete, die

Rivalitäten innerhalb der als «Gleiche» geltenden Vollbürger unter veränderten Bedingungen nicht kanalisieren zu können. Tatsächlich waren die «Gleichen» von ihren Vermögensverhältnissen, aber auch von ihrem Prestige her durchaus verschieden. Einmal aus der Zwangsgleichheit und den engen heimischen Verhältnissen entlassen, hatten viele spartanische Offiziere, Amtsträger und sogar Könige nichts besseres zu tun, als im Ausland die ihnen bisher verwehrte aristokratische Selbstentfaltung nachzuholen und sich die hierfür notwendigen Geldmittel ohne Skrupel zu verschaffen. Weil die Spartaner so große Schwierigkeiten hatten, die eigenen Amtsträger im Ausland zu kontrollieren, blieb man mit militärischen Einsätzen außerhalb der Peloponnes in der Regel zurückhaltend. Operationen mit Flotten mußten schon deshalb ein Problem sein, weil deren Bau, Ausrüstung und Bemannung von der primitiven, mit unhandlichem Eisengeld operierenden, spartanischen Volkswirtschaft kaum geleistet werden konnte. Typisch blieb daher für Sparta eine zögerliche und nur selten weitausgreifende Außenpolitik. Am liebsten hätte man es bei den kleinstaatlichen Verhältnissen der spätarchaischen Zeit belassen. Am Ende des Peloponnesischen Krieges wurde Sparta zwar wider Willen in die Bahnen einer moderneren, zu Land und zu Wasser operierenden Hegemonialmacht gezwungen, aber spartanische Politik erschöpfte sich im persönlichen Machtstreben einzelner Akteure, die zu Hause keine Basis hatten oder sogar bekämpft wurden.

Der Sieg der Spartaner, das heißt der für die Führung Griechenlands zutiefst ungeeigneten Macht, und die Zerstörung der Herrschaft Athens im Ersten Attischen Seebund bedeuteten letztlich auf Dauer, daß die Griechen die Gestaltung ihres Schicksals anderen uberlassen mußten. Man mag dies angesichts der Tatsache, daß die Herrschaft der Athener für viele Bündner keineswegs angenehm war, mit einem Achselzucken quittieren. Aber man muß sich vergegenwärtigen, daß im Altertum die athenische Demokratie mit ihrem für die Vollbürger geltenden Gleichheitsgrundsatz trotz ihrer Unzulänglichkeiten eine humanere Ausnahme war. Wenn mit dem Scheitern der welthistorischen Chancen Athens auf Dauer letztlich makedonische Monarchen, schwerreiche römische Oligarchen und schließlich kaiserliche Militärmachthaber den Mittelmeerraum beherrschen und formen sollten, bedeutet das Ende des Aufstiegs Athens auch, daß eine historische Entwicklung abgebrochen wurde, die für die Menschheit vielleicht glücklicher verlaufen wäre. Daran ändert die Tatsache nicht viel, daß die Niederlage Athens großenteils selbstverschuldet war und daß die Chancen auf eine dauerhafte Prägung der Mittelmeerwelt durch die mit Systemfehlern behaftete, in ihrem Funktionieren bisweilen gestörte athenische Demokratie vielleicht nicht allzu groß waren.

Ein weiterer Aspekt der historischen Bedeutung des Peloponnesischen Krieges liegt in seiner kulturgeschichtlichen Dimension, die genau zu beschreiben freilich schwierig ist. Ob die kulturelle Blüte Athens im 5. Jahrhundert wirklich mit den existentiellen Erfahrungen des Krieges in Beziehung zu setzen ist, ob, wie der Althistoriker Eduard Meyer (1855–1930) schreibt, «die schöpferische Kraft des Krieges» sich «auch diesmal gezeigt hat», bleibt offen. Denn bereits lange vor dem Krieg ist in Athen gerade im Bereich der Kultur eine Dynamik zu beobachten, die vom Krieg nicht verlangsamt, aber vielleicht auch nicht beschleunigt wurde. Bei bestimmten Aspekten der Kultur (insbesondere der Reflexion über Politik in der Geschichtsschreibung und in der politischen Philosophie) sind Wirkungen des Krieges und des mit dem Krieg verbundenen Krisenbewußtseins zwar nicht von der Hand zu weisen. Für andere Bereiche werden aber bisweilen Beziehungen zu leichtfertig hergestellt. Man hat etwa die Fortführung von Bauaktivitäten auf der Akropolis während des Krieges (Bau des Erechtheion oder der Balustrade des Nike-Tempels) als Zeichen dafür ansehen wollen, daß hier eine verunsicherte Bevölkerung von einer besonderen Heftigkeit religiösen Empfindens heimgesucht wurde. Da aber vor dem Peloponnesischen Krieg ebenfalls Tempel gebaut wurden, kann man in der Baumaßnahme genauso gut ein Indiz dafür sehen, daß es auch in den letzten Jahren des Peloponnesischen Krieges Bereiche des öffentlichen Lebens gab, in denen die von der Krise nicht innerlich berührte Demokratie sich an den Normen der Vorkriegszeit und der Normalität orientierte. Aber auch wenn man die kulturschöpfende Potenz des Krieges wohl nicht überbewerten darf, bleibt die welthistorische Bedeutung des Peloponnesischen Krieges schlicht schon dadurch hinreichend gesichert, daß er den historischen Rahmen für eine Reihe von kulturellen Höchstleistungen bietet, denen die Antike ihre jahrhundertelange (erst in jüngster Zeit eingebüßte) Dominanz in der europäischen Geistesgeschichte verdankt: Während des Peloponnesischen Krieges, an dem er selbst als Hoplit aktiv teilnahm, entwickelte Sokrates seine Philosophie. Während des Krieges schrieben die großen Tragiker Sophokles und Euripides und erreichte auch die Attische Komödie mit Aristophanes ihren Höhepunkt, ganz zu schweigen von den bereits beschriebenen Anfängen der antiken Zeitgeschichtsschreibung. Pathetisch, aber vielleicht nicht völlig zu Unrecht hatte Johann Joachim Winckelmann (1717–1768) im Peloponnesischen Krieg eine der großen Ausnahmen in der Menschheitsgeschichte gesehen: «Dieser Krieg ist vielleicht der einzige, der in der Welt geführt worden, in welchem die Kunst, welche sehr empfindlich ist, nicht allein nichts gelitten, sondern sich mehr als jemals hervorgetan hat.»

Die Ursachen des Peloponnesischen Krieges

I. Der «wahrste» Grund: Die Angst Spartas vor dem athenischen Aufstieg seit den Perserkriegen

432 wurde zunächst in Sparta selbst, dann in einer Versammlung der spartanischen Verbündeten festgestellt, daß die Athener den 446 geschlossenen Frieden gebrochen hatten. Athen lehnte entschieden Ultimaten der Spartaner ab, und beide Seiten gingen bereitwillig in den Krieg (431). Es gibt kaum einen antiken Krieg, dessen Vorgeschichte besser bekannt wäre. Thukydides hat in dem Kausalitätsgeflecht, das zum Ausbruch des Peloponnesischen Krieges führt, scharfsinnig und modellbildend die Hierarchien zwischen verschiedenen Ebenen herausgearbeitet, von der wahren Ursache bis hin zu den gegenseitig vorgebrachten Beschuldigungen und den unmittelbar vor Kriegsausbruch erhobenen ultimativen Forderungen. Eine eindeutige Kriegsschuld gibt es dabei nach seiner Darstellung nicht. Zwar war Sparta letztlich für den Bruch des Friedensvertrags von 446 verantwortlich, indem es den Apell der Bündner, insbesondere Korinths, nun gegen Athen loszuschlagen, aufnahm und einen Bruch des Friedensvertrags dort feststellte, wo die Rechtsgründe nur sehr fadenscheinig waren. Aber die Angst Spartas vor Athen war, wie Thukydides durch seinen klärenden Exkurs über den Aufstieg Athens und über die athenisch-spartanischen Beziehungen verdeutlicht, alles andere als unbegründet. In der Pentekontaetie, den fünfzig Jahren zwischen dem Perserkrieg und dem Peloponnesischen Krieg, verwandelte sich der von Athen angeführte Seebund zu einem völlig neuartigen Gebilde, dessen Ressourcen Athen im Zusammenhang mit seiner rasanten ökonomischen und organisatorischen Entwicklung eine (für griechische Verhältnisse) ungeheure Macht garantierten.

Ausgelöst worden war diese fundamentale Veränderung der griechischen Staatenwelt durch den Angriff der Perser und durch die Notwendigkeit, die gemeinsame Kriegführung gegen den übermächtigen Feind zu koordinieren. Anerkannte Vormacht der kriegführenden griechischen Staaten der Hellenischen Eidgenossenschaft von 481 war zunächst Sparta. Das lag daran, daß die Spartaner bei weitem die mächtigste Militärmacht Griechenlands waren. Seit der Mitte des sechsten Jahrhunderts beherrschten sie nicht nur die beiden Landschaften Lakonien und Messenien, sondern hatten auch – aufgrund des Schreckens, den ihre unüberwindliche Hoplitenphalanx verbreitete – die meisten Staaten der Peloponnes in ein Bündnissystem gezwungen, den sogenannten Peloponnesischen Bund. Die Klein- und Mittelstaaten erkannten Sparta als Führungsmacht (Hegemon) an und waren durch bilaterale Verträge mit Sparta verpflichtet, den außenpolitischen Optionen dieser Führungsmacht zu entsprechen (Freund-Feind-Klausel) und ihr bei allen militärischen Operationen mit einem Hoplitenaufgebot zu folgen (Heeresfolge). Auf diese Weise konnte Sparta neben der eigenen Heeresmacht immer eine beachtliche Armee von Bündnern ins Feld führen und auch über die Peloponnes hinaus militärisch und politisch wirken.

Der zweite Platz unter den griechischen Staaten kam im gemeinsamen Kampf gegen die Perser Athen zu. Athen war nie eine «Provinzstadt» (Bengtson), sondern als Polis mit einer sehr großen Bevölkerung und mit ertragreichen Silberbergwerken hatte es Ressourcen, die den Aufbau einer kostspieligen Trierenflotte ermöglichten. Mit dieser Flotte gewann es die Seeschlacht von Salamis (480) und konnte, nachdem die Perser sich nach Asien zurückgezogen hatten, den Gegenangriff unternehmen und die ionischen Städte an der kleinasiatischen Küste aus der persischen Herrschaft befreien. Das war eine Aufgabe, für die Sparta geringes Interesse und noch geringere Eignung hatte. Denn einmal hatte es mit dem großen Erfolg der Landschlacht von Plataiai (479) sich als Vormacht bereits hinreichend bewährt, dann aber erlaubten, wie bereits hervorgehoben, die eigene gesellschaftliche und ökonomische Struktur und die fehlenden Ressourcen die Führung eines solchen überseeischen Krieges nicht. Nachdem das überseeische Kommando des spartanischen Regenten Pausanias sich als Fiasko erwiesen hatte, ließen es die Spartaner zu, daß die Ionier die Athener aufforderten, dauerhaft ihren Schutz zu übernehmen. Athen wurde Vormacht eines 478/477 gegründeten gesonderten Bündnisses der Ägäisstaaten, des sogenannten Ersten Attischen Seebundes. Es befreite in der Folgezeit mit seiner Flotte die thrakische Küste und das Meerengengebiet von persischen Garnisonen.

Aus den Verbündeten im Perserkrieg wurden bald erbitterte Rivalen. Die Spartaner waren spätestens, als sie in den 60er Jahren immer größere Mühe hatten, das eigene Staatswesen und das peloponnesische Vorfeld zu kontrollieren, in ihrer Mobilität offenkundig von irreversiblem Mißtrauen gegen die Athener erfüllt. Umgekehrt gab es auch in Athen sehr früh Politiker, die es vorzogen, gegenüber Sparta auf Konfrontationskurs zu gehen. Schon unmittelbar nach dem Abzug der Perser hatte das kriegszerstörte Athen auf Anraten des Themistokles eine neue Stadtmauer erhalten, die Athen dem direkten Zugriff durch einen eventuellen spartanischen Einmarsch in Attika entzog. Themistokles hatte sogar noch Radikaleres vorgeschlagen, nämlich die 8 km landeinwärts gelegene Stadt ganz aufzugeben und zum neu ausgebauten Großhafen Piräus umzuziehen. Eine Einschließung und Aushungerung der auf dem Wasserweg versorgten Stadt durch ein Invasionsheer wäre dann nämlich unmöglich gewesen. Für diese versäumte Radikallösung wurde später (ab den 50er Jahren) ein Ersatz geschaffen, indem die Stadt durch ein System von Verbindungsmauern, den sogenannten «Langen Mauern», mit den Häfen Piräus und Phaleron verbunden und auf diese Weise zur Seefestung wurde.

Nicht nur Athen selbst war so für die spartanische Landmacht unangreifbar. Auch im von Athen gegründeten hegemonialen Gebilde, dem Attischen Seebund, war eine spartanische Intervention schwierig. Athen verfügte als Hegemon dieses Bundes über eine große Flotte, die Jahr für Jahr in der Ägäis manövrierte und alle Insel- und Küstenstaaten kontrollieren konnte. Zum Aufbau der exklusiven Flottenmacht Athens hatten die

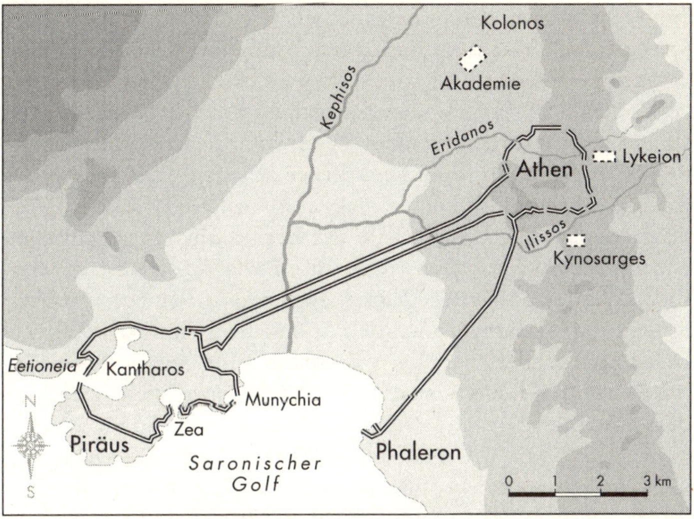

Abb. 1: Athen, seine Häfen und die Langen Mauern

meisten Bündner selbst beigetragen, weil sie den organisatorischen Aufwand, der mit dem Aufbau einer Flotte verbunden war, vermeiden wollten, auf eigene Rüstungen verzichteten und Athen dafür bezahlten, daß es ihre Verteidigung übernahm. Die wenigen Stadtstaaten, die im Bündnis über eine eigene Flotte verfügten – Chios, Samos, Mytilene und Methymna – waren weit davon entfernt, zu Gegengewichten Athens werden zu können.

Welche Richtung die Entwicklung des Attischen Seebunds nehmen würde, wurde nur wenige Jahre nach dem Perserkrieg überdeutlich. Die Insel Naxos wurde von Athen brutal unterworfen, als sie sich satzungswidrig aus dem auf ewig geschlossenen Seebund zu lösen versuchte. Ähnliches widerfuhr einige Zeit später Thasos, das seine eigenen hegemonialen Traditionen hatte (mit Koloniegründungen auf dem Festland) und sich dem Seebund nicht unterordnen wollte. Als die Thasier offen rebellierten (465), sagte ihnen Sparta Unterstützung zu, eine Unterstützung, die dann wegen des folgenreichen Erdbebens, das 464 die Peloponnes verwüstete, ausblieb und die für Sparta ohnehin ohne eigene größere Flotte kaum möglich gewesen wäre.

Wenn es zu Rückschlägen beim Ausbau der athenischen Macht kam, dann lag es nicht an der spartanischen Außenpolitik, sondern daran, daß die Athener seit den 60er Jahren des fünften Jahrhunderts keine Gelegenheit ausließen, an allen möglichen Schauplätzen außerhalb des Kernraums der athenischen Macht, der Ägäis, zu intervenieren und damit eine Probe jener Eigenschaften an den Tag legten, die ihnen im Peloponnesischen Krieg zum Verhängnis wurden, nämlich euphorische Energie (*dynamis*), imperiale Gier (*pleonexia*) und unberufene Einmischung (*polypragmosyne*). Im Kampf gegen die Perser griff eine athenische Expedition nicht nur in Zypern, sondern sogar in Ägypten ein, wo man einen lokalen Aufstand gegen den Großkönig unterstützte. Diese Aktion endete mit einem Desaster (454). Nach erneuten, diesmal erfolgreicheren Kämpfen in Ägypten und Zypern 448 verständigte man sich mit dem persischen Erzfeind («Kallias-Frieden»).

Weniger verlustreich, aber äußerst gefährlich wurde für Athen die imperiale Überdehnung seiner Kräfte auf dem griechischen Festland. Der Versuch, die Nachbarlandschaft Böotien zu kontrollieren, führte mit der Schlacht von Tanagra (457) zur ersten direkten Konfrontation mit den militärisch überlegenen Spartanern, die in Zentralgriechenland intervenierten. Er scheiterte nach zwischenzeitlichen Erfolgen schließlich mit der Niederlage gegen die Bööter in der Schlacht von Koroneia (446). Die Reorganisation des böotischen Bundesstaates, die nach der Vertreibung der Athener vorgenommen wurde, führte dazu, daß Athen es an seiner Westgrenze nunmehr mit einem Rivalen zu tun hatte, der ohne weiteres 11 000 Soldaten mobilisieren konnte. Widerstand leistete Sparta – hier ging es nicht nur um Zentralgriechenland, sondern um das eigene peloponnesische Vorfeld – auch gegen die Versuche Athens, in der Peloponnes und am Isthmos von Korinth Fuß zu fassen. Auch die athenische Kontrolle der großen und für die Versorgung sehr wichtigen Insel Euböa war vorübergehend gefährdet.

Nach über einem Jahrzehnt der kriegerischen (allerdings durch einen Waffenstillstand unterbrochenen) Konfrontation mit Sparta mußte Athen daher schließlich einlenken und erkannte 446 mit dem Dreißigjährigen Frieden vertraglich die Peloponnes und das Isthmosgebiet bis nach Megara als Teil der spartanischen Hegemonialsphäre an. Im Gegenzug fanden sich die Spartaner mit der Herrschaft Athens im Delisch-Attischen Seebund ab. Der Dualismus Sparta-Athen war auf diese Weise offiziell festgeschrieben und die jeweiligen hegemonialen Sphären blieben unantastbar. Zugewinne waren beiden Parteien nur im Bereich der Poleis und Gegenden möglich, die bisher noch nicht in eines der hegemonialen Systeme eingebunden waren. Diese Klausel sollte letztlich sehr schnell zur Destabilisierung des eben gewonnenen Gleichgewichts beitragen.

Die imperiale Dynamik Athens hatte mit dem Dreißigjährigen Frieden von 446 keineswegs an Schwung verloren. Was Athen an Möglichkeiten zur Expansion großenteils eingebüßt hatte, glich es durch die Intensivierung des imperialen Zugriffs auf die eigenen Bündner aus. 439 besiegten die Athener nach einer Hungerblockade die Insel Samos, die sich 441 gegen die athenische Herrschaft erhoben hatte. Die Insel war nunmehr im festen Griff der Athenfreunde in der samischen Bevölkerung. Ebenso wurde Byzanz, das mit den Samiern gemeinsame Sache gemacht hatte, in das Bündnis zurückgezwungen. Im Norden der Ägäis wurde um 437 die Kolonie Amphipolis als großer athenischer Stützpunkt gegründet.

Die Umwandlung des Bündnisses von Gleichberechtigten zu einem Herrschaftssystem machte in den 30er Jahren große Fortschritte. In welchem Umfang, ist freilich nicht völlig klar. Das hängt damit zusammen, daß wichtige epigraphische Zeugnisse, die die Entwicklung des Bundes dokumentieren, nicht präzise zu datieren sind. So könnten die sogenannten *leges generales*, d. h. allgemein für die Bündner-Untertanen verpflichtende Regelungen wie etwa das Münzgesetz, das den Gebrauch athenischer Silbermünzen im Seebundsbereich monopolisierte, in die Zeit vor dem Dreißigjährigen Frieden oder erst in die Anfangsphase des Peloponnesischen Krieges gehören. Die Intensität der Kontrolle, die sich in den *leges generales* dokumentiert, sowie das permanente Mißtrauen, das den Bündnern entgegengebracht wurde, ist ohnehin nicht immer Zeichen einer machtvollen Stellung Athens, sondern macht letztlich auch deutlich, wie sehr es einer andauernden Anstrengung bedurfte, um die Herrschaft zu sichern. Aber auch wenn der Herrschaftsanspruch Athens bisweilen eher formuliert als durchgesetzt werden konnte, fühlte die Polis sich stark genug, um ohne Scheu als Herrscherin aufzutreten. Man sprach schlicht von den Bündnern als «Untertanen» und von der eigenen hegemonialen Stellung als «Herrschaft» (*arche*). Man verlegte die Bundeskasse vom gemeinsamen Heiligtum in Delos nach Athen selbst (vermutlich 454), wo die Liste der Bündner, die zu Tributleistungen verpflichtet waren und ein Sechzigstel dieses Tributs an Athene abführen mußten, in großen monumentalen Stelen auf der Akropolis zur Schau gestellt wurde. Man bemühte sich, alle Griechen und besonders die Bündner, die in zahlreichen Angelegenheiten nach Athen kommen mußten, durch gewaltige Architektur (den Parthenon, die Propyläen) zu beeindrucken. Auch wenn diese Imponierarchitektur noch keineswegs die Realitäten völlig zutreffend widerspiegelte, mußte sie als klar formulierter Anspruch erschrecken.

Auf spartanischer Seite hatte man auf die von Athen ausgehende Bedrohung trotz der direkten Konfrontation in den 50er und 40er Jahren nicht wirklich entschieden reagiert. 446 hatte ein spartanisches Invasionsheer unter der Führung des Königs Pleistoanax sogar überraschend Attika wieder verlassen. Als die rebellierenden Samier 440 an Sparta appellierten, sahen die Spartaner keinen Grund, den 446 geschlossenen Frieden zu brechen und in die Belange des Attischen Seebundes einzugreifen. Auch als sich Korinth und Megara am Vorabend des Peloponnesischen Krieges (432) über Übergriffe Athens beschwerten, empfand ein großer Teil der Spartaner zunächst nicht, daß eine dramatische Bedrohung Spartas durch Athen gegeben war. Der König Archidamos riet vielmehr zum ruhigen und besonnenen Vorgehen und empfahl, den Krieg gegen Athen durch Rüstungen lediglich als Eventualität vorzubereiten. Auf den Kriegskurs legte sich Sparta erst nach einer harten innenpolitischen Auseinandersetzung fest. Einer der fünf Ephoren (der jährlich gewählten Oberbeamten Spartas) Sthenelaidas suchte sich in Opposition zu Archidamos, aber in Übereinstimmung mit der Mehrheit seiner Ephorenkollegen als der Vertreter der wahren Interessen Spartas zu profilieren, und plädierte dafür festzustellen, daß Athen den Friedensvertrag gebrochen habe. Die Spartaner stimmten auf Veranlassung des Sthenelaidas zweimal ab, und zwar zunächst in konventioneller Weise durch bloßen Zuruf, dann aber, weil Sthenelaidas wünschte, sie «durch eine offene Bekundung ihrer Meinung mehr zum Kriegführen zu bewegen» (Thuk. 1,87,1), indem die Volksversammlung in Kriegsgegner und Kriegsbefürworter auseinandertreten mußte und dabei die Kriegsgegner bloßgestellt wurden.

Die letztlich obsiegenden außenpolitischen Argumente des Sthenelaidas hatten durchaus Gewicht. Zwar verkannte auch Archidamos die von Athen ausgehende Bedrohung nicht, hielt aber die Klagen, die die Verbündeten gegen die Athener erhoben, nicht für so gravierend, um sich deshalb den sofortigen Kriegseintritt aufzwingen zu lassen. Das sah Sthenelaidas anders. Korinth drohte immerhin offen mit seinem Austritt aus dem Peloponnesischen Bund und sogar mit dem Zusammenschluß mit Argos, dem Uraltfeind Spartas, für den Fall, daß Sparta seine Interessen völlig unbeachtet ließ. Gerade, weil Sparta nicht die gleichen Ressourcen wie Athen zur Verfügung hatte und nicht auf Geld und Flottenmittel zurückgreifen konnte, mußte es sich auf seine Stärke besinnen, nämlich die Mobilisierung der Bündner auf der Peloponnes. «Weder sollt ihr zulassen, daß die Athener mächtiger werden, noch dürfen wir unsere Bundesgenossen preisgeben» (Thuk. 1,86,5), beschwor Sthenelaidas die spartanische Vollversammlung.

2. Klagen und Beschuldigungsgründe: Athens Konflikte mit Korinth

Die Klagen und Beschuldigungsgründe (nicht etwa die bloßen Anlässe), die zum Kriegsausbruch führten, hält Thukydides für so wichtig, daß die detaillierte Beschreibung der Konflikte zwi-

Abb. 2: Korinthischer Golf und Adria-Raum

schen Athen und Korinth, nämlich der Verwicklungen im Verhältnis zwischen Korkyra, Korinth und Athen (der sogenannten «Korkyräischen Händel») und der Auseinandersetzungen um Poteidaia, einen sehr großen Teil des ersten Buchs einnimmt.

Korinth war einer der Vorreiter der griechischen Kolonisation in Sizilien gewesen und hatte sich in der archaischen Zeit ein ganzes Netz von Kolonien am Ionischen Meer und an der östlichen Adriaküste aufgebaut, zu denen insbesondere die sich bald verselbständigende Inselpolis Korkyra (Korfu) gehörte. In Korinth hatte im sechsten Jahrhundert findige Ingenieurskunst das griechische Kriegsschiff par excellence, die Triere, konstruiert. Obgleich diese glorreiche Vergangenheit nun schon lange zurücklag, hatte Korinth seine maritimen Ambitionen noch keineswegs aufgegeben. Es versuchte seinen alten Einfluß in der Adria zu sichern und neu zu begründen, indem es in einen Konflikt zwischen Epidamnos (Dyrrhachion, heute der albanische Hafen Durres) und Korkyra eingriff. Da Epidamnos zwar von Korkyra gegründet war, aber bei dieser Gründung ein Oikist – der Anführer der Kolonisten – aus Korinth mitgewirkt hatte, meinte Korinth, einen ausreichenden Grund für die Unterstützung von Epidamnos zu haben. Die Korinther verloren freilich im Hochsommer 435 eine erste Seeschlacht (bei Leukimme) gegen die Korkyräer. Diese nahmen auch noch das abtrünnige Epidamnos ein und griffen anschließend sogar weitere Positionen im korinthischen Kolonialreich wie etwa Leukas an.

Als sich Korinth nun zur Revanche rüstete, suchten die Korkyräer Anlehnung an Athen. Athen gewährte ihnen ein besonderes Bündnis, nämlich eine sogenannte Epimachie. Darin verpflichtete es sich nur für den Fall eines Angriffs auf die Korkyräer zu einer aktiven Hilfeleistung. Damit meinte man, die Bestimmung des Friedensvertrags von 446 zu umgehen, der feindliche Auseinandersetzungen mit Partnern des Friedensvertrags (in unserem Falle Korinth) verbot. Völlige Neutralität, die in dieser prekären Lage vielleicht das beste gewesen wäre und zu der natürlich auch eine korinthische Gesandtschaft vor der athenischen Volksversammlung riet, wollte man sich nicht auferlegen.

Die potentielle Gefahr, die von Korinth ausging, war in der Tat nicht zu unterschätzen. Athen hatte zwar anfangs Korinth sogar erlaubt, Ruderer aus dem eigenen Machtgebiet zu rekrutieren, und hatte der gegenseitigen Zerstörung der großen Flotten Korinths und Korkyras als lachender Dritter zugesehen. Spätestens bei der Rüstung des Revanche-Aufgebots nach der Schlacht von Leukimme war aber klar, daß Korinth in der Lage war, zur überregionalen Seemacht aufzusteigen. Immerhin hatte Korinth eine Reihe von Poleis des griechischen Westens und Mittelgriechenlands dazu bewegen können, Schiffe zur Verfügung zu stellen, und fuhr mit einer Streitmacht von 150 Trieren, die mit ungefähr 30000 Rudersoldaten bemannt werden konnten, gegen Korkyra.

Ohne die Hilfe der Athener wäre Korkyra verloren gewesen. Die Korkyräer versuchten zwar, sich der korinthischen Streitmacht mit 110 Trieren bei den Sybota-Inseln zu stellen (September 433), erlitten aber in einer heftigen, im infanteristischen Gefecht an Deck ausgetragenen Seeschlacht herbe Verluste. Während eine erste athenische Flotte von zehn Schiffen zwar während des Geschehens präsent war, sich aber mit der bloßen Beobachtung begnügt hatte, hinderte das plötzliche Auftauchen einer weiteren athenischen Flotte die Korinther daran, auf Korkyra zu landen und den Sieg auszunutzen. Es ist verständlich, daß Korinth über die Zerschlagung der Chance, nach der Niederringung von Korkyra eine neue maritime Hegemonie in der Adria aufzubauen, schwer enttäuscht war. Freilich konnte Athen trotz demonstrativer Rücksichtsnahme auf den Vertrag von 446 Korinth hier keine freie Hand lassen, wenn es die eigene Seeherrschaft nicht gefährden wollte.

Der zweite Konflikt zwischen Korinth und Athen, derjenige um Poteidaia, ergab sich als direkte Folge des ersten Konflikts. Poteidaia lag auf der Chalkidike an der engsten Stelle der Halbinsel Pallene (Kassandra) und hatte aus diesem Grund hohe strategische und offenkundig auch wirtschaftliche Bedeutung, da es in der Lage war, einen Tribut von zunächst sechs, später sogar 15 Talenten zu bezahlen. Die Stadt war eine Gründung Korinths, und Korinth hatte zu dieser Kolonie Beziehungen be-

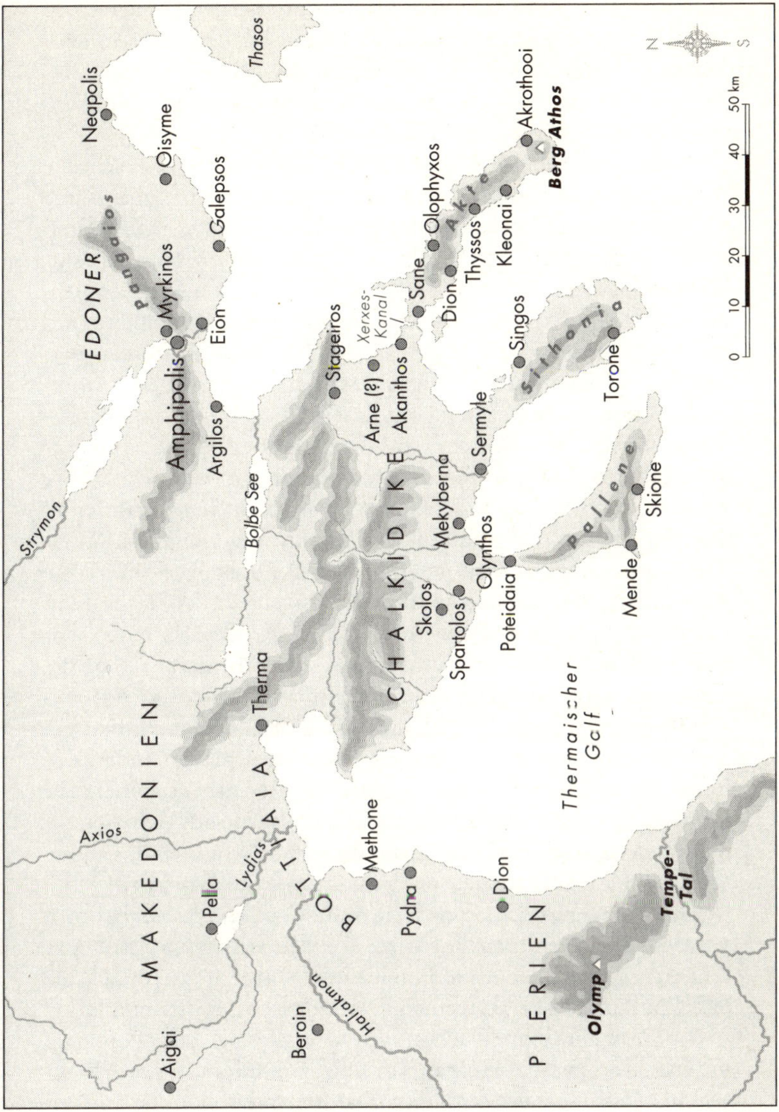

Abb. 3: Chalkidike und Makedonien

halten, indem es Jahr für Jahr einen Obermagistraten, den sogenannten Epidemiourgen, dorthin schickte. Gleichzeitig war aber Poteidaia notgedrungen zum Mitglied des Attischen Seebundes geworden, als Athen die gesamte Chalkidike unter seine Kontrolle gebracht hatte.

Athen hatte nun nach der Schlacht bei den Sybota-Inseln die Befürchtung, Poteidaia könne mit den Korinthern gemeinsame Sache machen und den Seebund verlassen. Die Lage an der Chalkidike war zu diesem Zeitpunkt ohnehin schon außerordentlich gefährlich. Denn Perdikkas II., der König von Makedonien, hatte sich mit den Athenern zerstritten, die in einem innerdynastischen Kampf seine Rivalen unterstützten. Makedonien war trotz seiner primitiven staatlichen Struktur und trotz der ständigen Gefährdungen durch feudale Zwistigkeiten und barbarische Invasionen aufgrund seiner Größe und seines Reichtums an flottenwichtigen Rohstoffen eine Regionalmacht von erheblicher Bedeutung. Perdikkas hatte bereits von sich aus mit Korinth und den Bewohnern der Chalkidike Kontakt aufgenommen. Wenn Korinth in welcher Form auch immer in Poteidaia militärische Präsenz zeigte, wäre die Situation explosiv geworden. Es bestand somit die akute Gefahr, daß Athen die Kontrolle über einen sehr großen Bereich seiner Macht verlor. Athen forderte daher die Einwohner von Poteidaia ultimativ unter anderem dazu auf, das Pietätsverhältnis zur Mutterstadt Korinth zu beenden, den gegenwärtigen Epidemiourgen nach Hause zu schicken und in Zukunft keine Obermagistrate mehr aus Korinth aufzunehmen (433/432). Die Poteideaten verhandelten zwar mit Athen, nahmen gleichzeitig aber auch Kontakt mit Sparta auf, das ihnen (gegen die Bestimmungen des Friedensvertrags von 446) Hilfe für den Fall versprach, in dem sie militärisch von Athen bedroht würden. Im Vertrauen auf diese Zusage fielen im April 432 schließlich nicht allein die Poteideaten, sondern auch noch die (die Chalkidike bewohnenden) Chalkidier und Bottiaier ab.

Die Athener hatten schon vor dem Abfall von Poteidaia im Frühjahr 432 ein Heer mit dreißig Trieren und 1000 Hopliten ins Krisengebiet entsandt. Die Korinther kamen mit einem von Aristeus geführten Freiwilligenaufgebot von immerhin

1600 Hopliten Poteidaia zu Hilfe, die bald nach dem offenen Abfall der Stadt eintrafen. Daraufhin schickten die Athener weitere vierzig Trieren und 2000 Hopliten aus. Die vereinten athenischen Truppen schlossen nach einer Schlacht gegen Korinther und Poteideaten die Stadt mit einer Mauer von der Chalkidike und Makedonien ab. Ein neues athenisches Expeditionsheer von 1600 Hopliten half dann bei der vollständigen Einschließung der Stadt im Süden. Am Vorabend des Peloponnesischen Krieges band damit der Feldzug gegen Poteidaia und seine korinthischen Helfer vorübergehend 4600 athenische Hopliten und 70 Trieren. Auch wenn ein Teil der Truppen später wieder abgezogen wurde, waren allein die Kosten für den Hoplitensold der vor Poteidaia überwinternden Truppen immens. Als Poteidaia schließlich 429 die mit Bedingungen verbundene Kapitulation anbot, hatte die Belagerung bereits um die 2000 Talente, also etwa 52 Tonnen Silber, gekostet.

3. Athenische Innenpolitik am Vorabend des Peloponnesischen Krieges: Perikles als Kriegstreiber?

Die Auseinandersetzungen um Korkyra und Poteidaia stellten Ereignisse von großen Dimensionen dar. In den Korkyräischen Handeln hatte nach großen Flottenauseinandersetzungen die Wiederbelebung einer starken korinthischen Macht in der Adria gedroht, während die Rebellion von Poteidaia die Herrschaft Athens im gesamten Bereich der Nordägäis in Frage stellte und die Athener zur Mobilisierung einer großen Streitmacht zwang. Gegenüber den korinthisch-athenischen Auseinandersetzungen, deren Ausgang Korinth nur die Möglichkeit ließ, in dramatischer Form an Sparta zu appellieren und den Krieg eskalieren zu lassen, hat Thukydides andere Ereigniszusammenhänge aus der Vorgeschichte des Peloponnesischen Krieges nur in Andeutungen behandelt. Das gilt vor allem für die Konflikte mit Megara. Die kleine Polis Megara gehörte zum Peloponnesischen Bund, war aber der unmittelbare Nachbar Athens. Um die Beziehungen Athens mit den Megarern stand es schlecht, vor allem seitdem Megara vorübergehend zum athenischen Machtbereich gehört hatte, dann aber 446 sich von Athen gelöst und die athenischen Besatzungstruppen massakriert hatte. Möglicherweise hatte Megara 439 beim Aufstand von Byzanz, das Kolonie Megaras war, die Hand im Spiel. Sicher ist, daß die Megarer die Korinther durch Flottenkontingente gegen die Korkyräer unterstützten. Athen leistete sich daher gegenüber der ungeliebten kleinen Nachbarstadt zahlreiche Übergriffe, über die sich die Megarer bei den Spartanern beschwerten.

Eine besondere Rolle spielte hier das sogenannte Megarische Psephisma (Volksbeschluß), durch das die Athener die Megarer von ihrem Markt und den Häfen des Seebundes ausschlossen. Dieses Wirtschaftsembargo wird in der Historiographie des vierten Jahrhunderts, die von Komödie und volkstümlichem Geschichtsbild beeinflußt war, als eigentlicher Anlaß des Peloponnesischen Krieges angesehen. Dabei wird eine Beziehung zwischen dem Megarischen Psephisma und dem Leiter der athenischen Politik, Perikles, hergestellt. Perikles habe nach Prozessen gegen Freunde und Nahestehende (Pheidias, Anaxagoras, Aspasia) seine Position als gefährdet empfunden und die Reibereien mit Megara inszeniert oder verschärft, um so einen Grund für einen Krieg zu finden, der ihn aus der innenpolitischen Bredouille befreien sollte. Aus Furcht vor dem drohenden Prozeß, so schreibt Plutarch, der aus der Historiographie des vierten Jahrhunderts schöpft, habe Perikles «den erwarteten, unter der Asche glimmenden Krieg zu heller Flamme» angeblasen.

Bei Thukydides spielen egoistische persönliche Motive für die Politik des Perikles keine Rolle, vielmehr unterscheidet sich Perikles seiner Auffassung nach gerade durch das Fehlen solcher Motive deutlich von späteren Politikern wie Nikias oder Kleon. Der Historiker stimmt mit den späten Erzählungen über den Kriegsausbruch allenfalls in dem Punkt überein, daß Perikles tatsächlich hinter dem Megarischen Psephisma stand. Die Diskussion um das Megarische Psephisma gehört nach seiner Darlegung in das diplomatische Geplänkel, das zwischen der spartanischen Kriegsentscheidung und dem eigentlichen Kriegsausbruch stattfindet. Perikles mahnt dabei die Athener dazu, sich auch bei an sich geringfügigen Forderungen, wie der nach der Aufhebung des Megarischen Psephismas gegenüber Sparta, unnachgiebig zu zeigen.

Gegenüber den viel gewichtigeren Konflikten mit Korinth erscheint das Megarische Psephisma in der Ursachenanalyse des Thukydides deutlich nachgeordnet. Die Darstellung des Historikers zielt in ihrer Gesamtheit auf die Demonstration, daß Perikles bei seiner Entscheidung für den Krieg objektiv gegebenen außenpolitischen Sachzwängen folgte. Die Argumentation des thukydideischen Perikles ist dabei durchaus nachvollziehbar: Die ultimativen Forderungen Spartas gipfelten in der Forderung, den Bündnern Athens die Autonomie zurückzugeben und damit einen großen Teil der organisatorischen Entwicklung des Bundes in Frage zu stellen. Diese Forderungen standen am Ende einer Reihe von Versuchen Spartas und seiner Verbündeten, den Attischen Seebund auseinanderzusprengen. Vermutlich war die Nordägäis mit Poteidaia nicht der einzige Bereich, in dem diese Herrschaft bedroht war. Nur en passant erfährt man, daß auch die mächtige Polis Mytilene am Vorabend des Peloponnesischen Krieges Verbindungen mit Sparta aufgenommen haben muß, um den Abfall vom Seebund vorzubereiten. Den Spartanern oder den Korinthern in Teilen des Bundes das Feld zu überlassen oder durch Nachgiebigkeit bei den Bündnern das Prestige hegemonialer Macht zu beschädigen, hätte für Athen bedeutet, sich letztlich mit der Erosion der eigenen Herrschaft oder gar dem Verzicht auf sie abzufinden. Das kam für Athen angesichts der Tatsache, daß es unter den Bedingungen antiker Mangelwirtschaft ohne überseeische Versorgung und ohne die Inanspruchnahme fremder Ressourcen nicht überlebensfähig war, überhaupt nicht in Frage. Die Gesamtprosperität Athens und das Funktionieren der Demokratie waren mittlerweile viel zu sehr mit der Herrschaftsausübung verbunden. Athen war also in ein Dilemma geraten. Der Kriegseintritt barg große Risiken, aber eine Vermeidung des Kriegseintritts konnte die Integrität der Herrschaft nicht sichern.

Man mag darüber streiten, inwiefern Perikles tatsächlich seine Entscheidung auf der unerbittlichen Analyse begründete, die

Thukydides ihm zuweist. Immerhin kannte Thukydides als Angehöriger der aristokratischen Elite Athens Perikles persönlich und war wenige Jahre nach dem Tode des Perikles selbst Stratege gewesen, so daß er über die Erwägungen zum Kriegseintritt aus erster Hand informiert war. Jedenfalls ist es besser, sich hier dem Urteil des Thukydides anzuschließen, als für Kriegsentscheidungen des Perikles vermeintliche Motive anzuführen, die sich im antiken Quellenmaterial nicht belegen lassen, etwa die Annahme, finanziell habe Athen nach Jahren des Friedens vor dem Ruin gestanden und sei auf die Führung eines lukrativen Krieges dringend angewiesen gewesen. Verständnis für die Entscheidung des Perikles muß man nach heutigen Kriterien sicher nicht aufbringen. Schließlich hatte Athen durch jahrzehntelange imperialistische Politik Gegenreaktionen geradezu provoziert. Unter den Bedingungen antiker Machtpolitik handelt es sich aber gleichwohl bei der Kriegsentscheidung des Perikles nicht um ein Fehlurteil, das durch vage fatalistische Überzeugungen von der Notwendigkeit des Krieges diktiert wurde. Wenn man die Prämisse akzeptierte, daß die (durch den Seekrieg errungene) Herrschaft Athens ein erhaltenswertes Gut war, dann ergab sich durch das Verhalten Spartas und Korinths auch aktuell der Zwang, diese stets prekäre und bedrohte Herrschaft mit militärischen Mitteln zu erhalten. Nur in dieser Beziehung hält Thukydides den Kriegsausbruch für «notwendig».

Der Archidamische Krieg (431–421)

I. Zum Verlauf des Krieges: Die Kampagnen von 431 bis 426

Mit einem langandauernden Krieg hatte am Anfang des Archidamischen Krieges keine der kriegführenden Parteien gerechnet. Dementsprechend überrascht nicht, daß Sparta zwar jedes Jahr das eigene Hoplitenheer und dasjenige der zur Heerfolge verpflichteten Staaten des Peloponnesischen Bundes für kurze Sommerkampagnen aufbot, aber keine umfassenden strategischen Ziele formulierte. Auf athenischer Seite hoffte man dagegen, den Gegner rasch zermürben zu können, indem der gesamte Krieg auf die Flottenkriegführung ausgerichtet und Auseinandersetzungen mit dem überlegenen spartanischen Landheer konsequent aus dem Wege gegangen wurde. Diese von Perikles vorgeschlagene Strategie war dabei keineswegs von herausragender Originalität, sondern die logische Konsequenz des schon lange zuvor erfolgten Ausbaus Athens zu einer Seefestung.

Als Archidamos im ersten Kriegsjahr mit dem peloponnesischen Aufgebot über den Isthmos in Attika einmarschierte und die Ernte zu vernichten begann, wie dies seit Jahrhunderten in Kriegen zwischen Nachbarstaaten üblich war, schritten die Athener nicht ein. Um grundsätzlich jeder militärischen Entscheidung in Attika selbst auszuweichen, hatte Perikles nämlich die Landbevölkerung – das heißt also die Mehrheit der athenischen Bürger – in die Stadt evakuieren lassen, wo sie sich unter teilweise äußerst notdürftigen Umständen in der Stadt und innerhalb der Langen Mauern einquartierte, bis die Spartaner wieder abgezogen waren. Auch nach dem Tod des Perikles (429) blieb es, solange sich die peloponnesischen Einfälle bis 425 fast jährlich wiederholten, bei diesem Teil der von ihm empfohlenen Strategie und zwar trotz der psychologischen Schwierigkeiten, die für die bäuerliche Bevölkerung mit dem Verlassen ihres Landbesitzes verbunden waren, und trotz des Ausbruchs der «Pest». In den letzten Jahren des Archidamischen Krieges wichen die Athener, bisweilen ohne guten Grund, bisweilen aber auch in Reaktion auf spartanische Initiativen, vom zweiten Teil der strategischen Anweisungen des Perikles ab, indem sie sich nicht auf bloße Attacken der Flotte gegen die peloponnesische Küste beschränkten, sondern größere Aktionen planten und durchführten, am deutlichsten im mißratenen Angriff des athenischen Hoplitenaufgebots gegen Theben und den Böotischen Bund (424).

Im einzelnen zerfällt der Archidamische Krieg in Aktionen von ganz verschiedenen Dimensionen. Diese Aktionen werden von Thukydides bald ausführlich, bald nur summarisch beschrieben, wobei der Darstellungsmaßstab nicht mit der realen Bedeutung des Geschehens korrelieren muß. So geht Thukydides etwa sehr ausführlich auf die Kämpfe um die relativ kleine, strategisch aber wichtige Polis Plataiai ein, behandelt dagegen etwa den sicher nicht unbedeutenden Feldzug des Lamachos kaum, der im Jahre 424 nach dem Verlust seiner Flotte auf dem Landweg von Herakleia im Pontos nach Bithynien gelangen konnte. Daß jede Darstellung des Krieges sich zunächst in einem Katalog mannigfacher, nebeneinander stehender Einzelaktionen erschöpfen muß, liegt freilich nicht nur an der Erzählung des Thukydides, sondern auch daran, daß die Kriegführung im Archidamischen Krieg, wie dies fast für alle antike Kriege gilt, vor allem aus einer Serie von meist nur über wenige Wochen oder allenfalls Monate geführten Kampagnen besteht. Es ist bisweilen schwer, selbst innerhalb einer kurzen Kampagne ein übergreifendes strategisches Ziel auszumachen, vielmehr folgten die Generäle sehr oft sich gerade zufällig bietenden Gelegenheiten. Aus diesem Grunde – und nicht etwa deshalb, weil er hier systematisch auf die spartanischen Aktionen des Vorjahres reagieren wollte – findet man etwa Nikias in der Kampagne von 426 zunächst in den Südkykladen (bei Thera), dann vor Böotien und der lokrischen Küste. Große, meist dann allerdings kriegsentscheidende Schlachten waren im Archidamischen Krieg die völlige Ausnahme, häufiger waren Belagerungen, die Regel aber verschiedene Formen des Kleinkrieges wie das Kaperwesen, das

Verwüsten von Ernten oder die Übergriffe gegen Teile der Zivilbevölkerung.

Den Auftakt des Krieges (erstes Kriegsjahr: Sommer 431; Winter 431/430) stellte der gescheiterte Überfall der Thebaner auf die kleine, an der Grenze zu Attika liegende Stadt Plataiai dar, die sich auf die Seite Athens gestellt hatte und den Anschluß an den von Theben geführten Böotischen Bund hartnäckig verweigerte. Wenige Wochen später marschierte Archidamos zum ersten Mal nach Attika ein. Die Athener antworteten mit der Fahrt einer Flotte von hundert Trieren um die Peloponnes. Sie verwüsteten Elis und agierten an der Küste des Ionischen Meers (Eroberung von Sollion und Kephallenia), was eine Gegenaktion der Korinther mit vierzig Schiffen provozierte. Eine zweite athenische Flotte mit dreißig Schiffen verwüstete die Küste der Lokris (in Mittelgriechenland). In einer Parallelaktion wurde die Bevölkerung aus der alten Rivalin Ägina vertrieben, deren feindselige Haltung die Gefahr mit sich brachte, daß die Spartaner im Saronischen Golf leicht einen Stützpunkt hätten gewinnen können. Das athenische Hoplitenheer fiel in die Megaris ein (auch dieses Szenario sollte sich wiederholen, und zwar bisweilen zweimal in jedem Jahr), wobei ihnen die von der Peloponnes- und Adriafahrt zurückkehrende Flotte zu Hilfe kam. Durch die Vereinigung von Flotte und Heer formte sich auf dem Territorium des ungeliebten kleinen Nachbarn das «größte Heerlager, das die Athener jemals versammelt hatten, weil die Stadt noch auf ihrer vollen Höhe war» (Thuk. 2,31,2). Der Verlauf des ersten Kriegsjahrs war für Athen insgesamt zufriedenstellend, und dies kommt auch im verhaltenen Optimismus der großen Rede zum Ausdruck, die Perikles bei Thukydides (2,35–46) zu Ehren der während des Kriegsjahrs gefallenen und mit einem Staatsbegräbnis geehrten Athener hält. In diesem sogenannten Epitaphios hat Thukydides dem im Peloponnesischen Krieg untergegangenen athenischen Staatswesen des perikleischen Zeitalters ein idealisierendes Denkmal gesetzt.

Im zweiten Kriegsjahr (Sommer 430; Winter 430/429), in dem die als «Pest» bekannte Seuche ausbrach, fiel Archidamos mit zwei Dritteln des peloponnesischen Gesamtaufgebots erneut

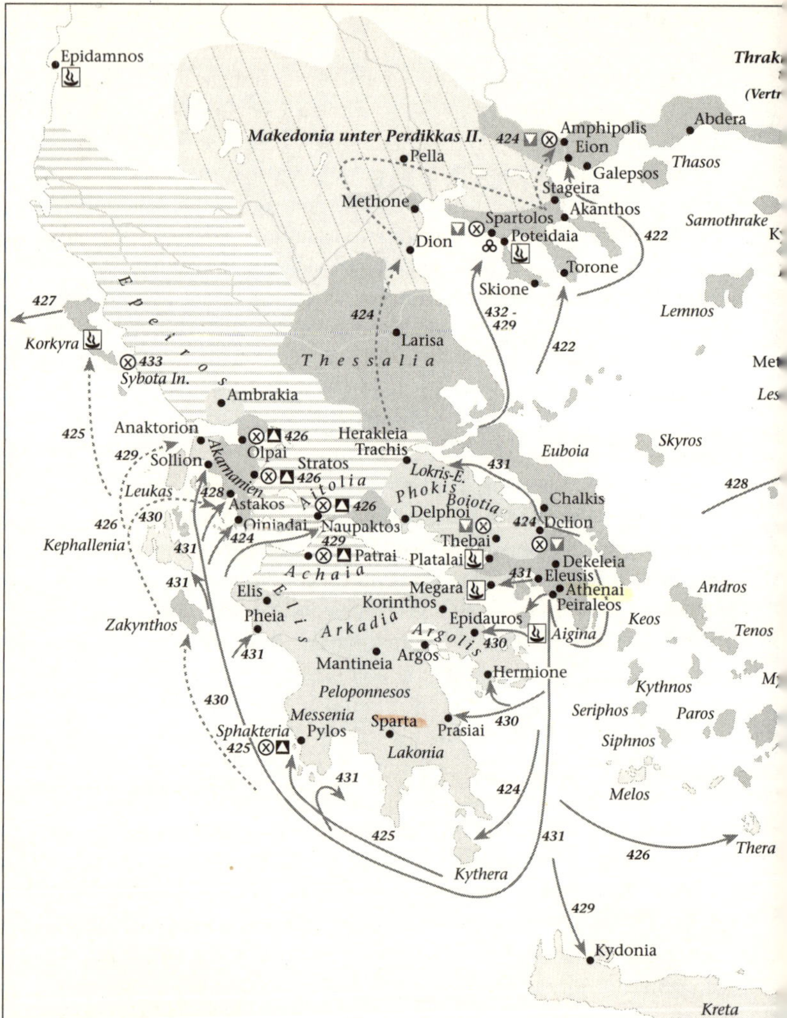

Abb. 4: Griechenland im Archidamischen Krieg

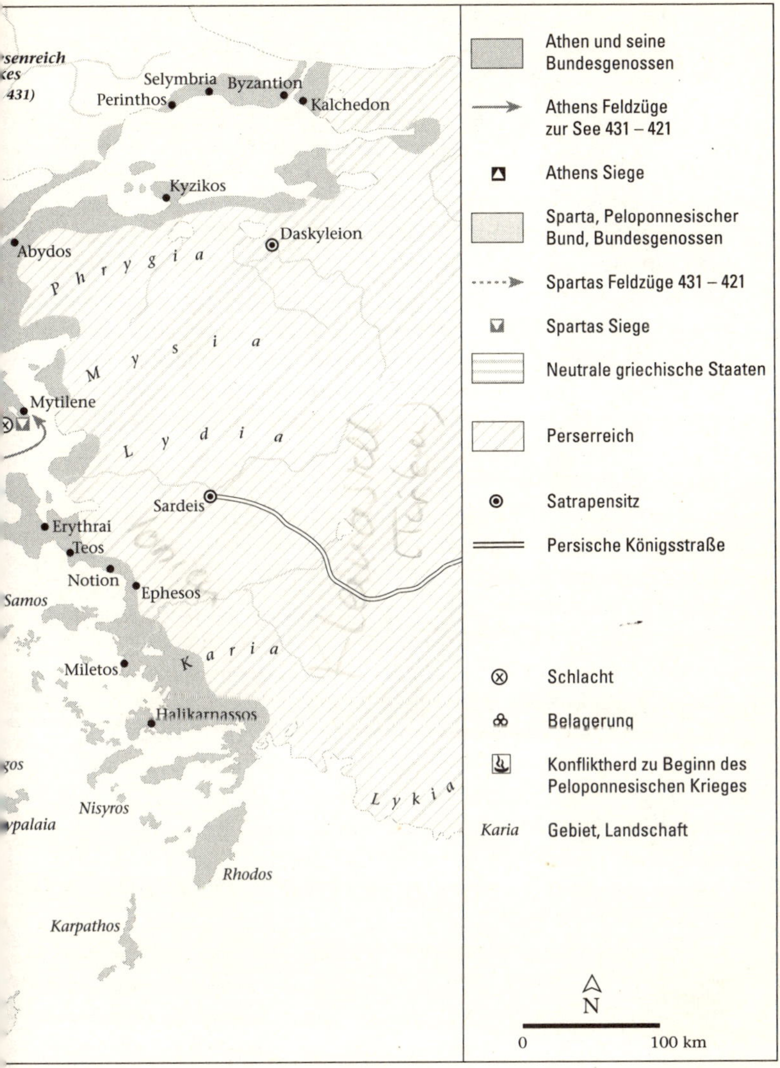
senreich
es
431)
Selymbria
Byzantion
Perinthos
Kalchedon
Kyzikos
Daskyleion
Abydos
Phrygia
Mysia
Mytilene
Lydia
Sardeis
Erythrai
Teos
Notion
Ephesos
Samos
Karia
Miletos
Halikarnassos
Nisyros
Lykia
Rhodos
Karpathos
Athen und seine Bundesgenossen
Athens Feldzüge zur See 431 – 421
Athens Siege
Sparta, Peloponnesischer Bund, Bundesgenossen
Spartas Feldzüge 431 – 421
Spartas Siege
Neutrale griechische Staaten
Perserreich
Satrapensitz
Persische Königsstraße
Schlacht
Belagerung
Konfliktherd zu Beginn des Peloponnesischen Krieges
Karia
Gebiet, Landschaft
N
0
100 km

in Attika ein und setzte sich dort vierzig Tage fest. Athen schickte unter der Führung Hagnons ein Expeditionsheer gegen das immer noch belagerte Poteidaia. Dieses Expeditionsheer mußte umkehren, nachdem 1500 von den 4000 Soldaten an der Pest gestorben waren. Das ausgehungerte Poteidaia kapitulierte gleichwohl im folgenden Winter, wobei der Bevölkerung freier Abzug zugesichert wurde. An die Stelle der alten Bevölkerung wurden athenische Bürger (Kleruchen) angesiedelt. Im Westen änderten sich die Verhältnisse ebenfalls weiterhin zugunsten von Athen. Eine von Sparta geführte, aber großenteils von den Bündnern (und vor allem Korinth) gestellte Flotte von immerhin hundert Trieren versuchte erfolglos, durch die Eroberung von Zakynthos die korinthischen Verluste im Adria-Raum auszugleichen. Amphilochier, Akarnanen und der athenische Stratege Phormion, den die Athener mit dreißig Trieren in den Westen geschickt hatten, nahmen das amphilochische Argos ein. Im Winter wurde Phormion mit zwanzig Trieren zur Blockade des Korinthischen Golfes beordert und am Ausgang des Golfes in Naupaktos stationiert. Schließlich war in diesem Kriegsjahr Perikles selbst mit 100 Trieren ausgezogen und hatte einen Teil der Peloponnes (die Gegend von Epidauros und Teile Lakoniens) verwüstet, bevor er wegen der Seuche hatte umkehren müssen. Eine Aktion gegen Lykien schlug fehl.

Im dritten Kriegsjahr (Sommer 429; Winter 429/428) marschierten die Peloponnesier zwar bis zum Isthmos, verzichteten aber wegen der Pestgefahr auf einen Einfall in das athenische Landgebiet. Stattdessen wurde Plataiai durch eine Mauer eingeschlossen und mußte dann ein Jahr später (Winter 428/427) kapitulieren, weil die Athener passiv blieben. Die Athener versuchten vielmehr nach der Einnahme von Poteidaia (429) ihre Position in der Chalkidike weiter auszubauen, was mit der Niederlage des athenischen Expeditionskorps bei Spartolos endete (mit nicht weniger als 430 Toten). Auch am westlichen Ausgang des Korinthischen Golfs wurden die Kämpfe fortgeführt. Die überlegen manövrierenden athenischen Schiffe Phormions konnten sich in zwei Seeschlachten gegen zwei nacheinander aufgebotene Flotten der Peloponnesier (bei Patras und Naupaktos) durchsetzen. Zur gleichen Zeit erlitt ein Heer der korinthischen Kolonien im Adriaraum (Ambrakia, Anaktorion, Leukas) eine schwere Niederlage beim Versuch, das mit Athen verbündete Akarnanien zu besetzen. Der spartanische Nauarch Knemos mußte im Verein mit Brasidas einen Versuch, in einem Überraschungscoup in den Piräus einzufahren, abbrechen. Die vorgewarnten Athener sperrten von dieser Zeit an aber die Einfahrt in den Piräus durch eine Kette ab.

Im vierten Kriegsjahr (428) unternahmen die Peloponnesier erneut ihren jährlichen Einfall nach Attika. Der Bündner Mytilene auf Lesbos fiel von Athen ab, in der Hoffnung, dabei von Sparta unterstützt zu werden. Athen sandte daraufhin im Juli eine Flotte aus und im Herbst ein zusätzliches Expeditionskorps von tausend Hopliten unter der Führung des Paches, die sofort mit der Belagerung der Stadt begannen. Erst im Sommer des folgenden Jahres (427) nahm eine spartanische Flotte unter der Führung des Nauarchen Alkidas Kurs auf Lesbos. In der Zwischenzeit hatten aber Zwistigkeiten innerhalb der Bürgerschaft von Mytilene dazu geführt, daß die Regierenden von Mytilene Verhandlungen mit Paches aufnahmen und das Schicksal von Mytilene der athenischen Volksversammlung überließen. Alkidas operierte eine Zeitlang unglücklich vor der ionischen Küste und fuhr anschließend unverrichteter Dinge wieder zur Peloponnes zurück. Nach dem Fehlschlag in Lesbos versuchte die spartanische Flotte nun, in Korkyra einzugreifen, wo inneraristokratische Rivalitäten zu einem grausamen Bürgerkrieg zwischen Anhängern Athens und Spartas geführt hatten. In Sizilien kamen die Athener mit einer Flotte von zwanzig Trieren der ionischen Stadt Leontinoi zu Hilfe, und zwar gegen Syrakus, das über die besten Verbindungen zur Mutterstadt Korinth und zu Sparta verfügte und daher in der Logik der athenischen Politik als potentielles Risiko galt. Immerhin gelang es dem athenischen Strategen Laches im folgenden Jahr, vorübergehend Mylai und Messene (Messina) unter Athens Kontrolle zu bringen. Nach der Absetzung des Laches, deren Gründe dunkel bleiben, hatten seine Nachfolger nur wenig Erfolg, und schließlich endete das erste sizilische Engagement Athens 424, als sich die sizilischen Städte im Kongreß von Gela darauf verständigten, ihre Auseinandersetzungen einzustellen.

Im sechsten Jahr eskalierte der Krieg in Nordwestgriechenland. Im Kleinkrieg gegen die wendigen Aitoler erlitten die Athener unter der Führung des Demosthenes zunächst schwere Verluste, doch konnten diese durch den Sieg in der großen Schlacht von Olpai, in der sich Peloponnesier und die Einwohner der korinthischen Gründung Ambrakia einerseits und Akarnanen, Amphilochier und Athener andererseits gegenüberstanden, ausgeglichen werden. Vor allem wurde einige Zeit nach der Schlacht das Gesamtaufgebot der Ambrakioten teilweise im Schlaf überrascht und niedergemetzelt. Ambrakia hatte dabei im Verhältnis zu seiner Bevölkerungszahl die größten Kriegsverluste erlitten, die je eine griechische Stadt hatte hinnehmen müssen. Gleichwohl endete das athenische Engagement in diesem Gebiet, weil es die Akarnanen und Amphilochier vorzogen, Frieden mit den Ambrakioten zu schließen, statt sich der Kontrolle der übermächtigen Athener auszuliefern.

Demosthenes hatte bei seinen Aktionen im Nordwesten das Fernziel verfolgt, von diesem Raum aus über die Phokis Böotien anzugreifen. Auch sonst läßt sich eine Verlagerung des militärischen Geschehens nach Zentral- und Nordgriechenland konstatieren: Auf der einen Seite gründeten die Spartaner südlich von Thessalien den großen Stützpunkt Herakleia und ermöglichten damit Aktionen der Peloponnesier, die weit von der Peloponnes wegführten. Auf der anderen Seite unternahm es der athenische Stratege Eurymedon, mit dem Gesamtaufgebot der Hopliten in das Gebiet des böotischen Tanagra einzufallen und mit den zur See transportierten und im böotisch-attischen Grenzgebiet an Land gesetzten Truppen des Nikias zu kooperieren. Mit dieser Verlegung des Kriegsschauplatzes bahnten sich im Jahre 426 wichtige militärische Entscheidungen der dynamischen Schlußjahre des Archidamischen Krieges an. An der Wende zum Jahr 425 dominierte freilich zunächst in Sparta die Kriegsmüdigkeit. Dem Pleistoanax, der wegen seines als verräterisch empfundenen Abbruchs seiner Kampagne gegen Athen 446 verbannt worden war, wurde die Rückkehr erlaubt, und man bemühte sich sogar darum, mit Athen Friedensverhandlungen aufzunehmen. In Athen war die zwischenzeitlich sehr starke Antikriegsstimmung zu diesem Zeitpunkt allerdings bereits wieder zurückgegangen, so daß es nicht zu einer Verständigung kam.

2. Flotten- und Hoplitenkampf

Im Archidamischen Krieg lagen die Stärken Spartas im Hoplitenkampf, diejenigen Athens im Flottenkrieg: «Denn damals (das heißt im Archidamischen Krieg) machte es den Ruhm der einen vor allem aus, daß sie eine Landmacht und als Fußvolk am stärksten waren, den der anderen, daß sie eine Seemacht und mit der Flotte am meisten hervorragten.» (Thuk. 4,12,3) Die maritime Überlegenheit Athens erklärt sich damit, daß eine Trierenflotte sehr komplexe Organisationsleistungen voraussetzte, die die Athener seit den Perserkriegen immer mehr verfeinert hatten und bei denen ihr Vorsprung für andere Mächte uneinholbar war. Der Unterhalt zahlreicher Trieren – Perikles zählt in seiner Bilanz der athenischen Kräfte am Anfang des Krieges 300 einsatzbereite Trieren – erforderte eine besondere Infrastruktur, nämlich den Ausbau der kreisrunden Bucht von Zea und der Bucht von Munychia im Piräus zu Marinehäfen, sowie die Existenz von Werften, Schiffshäusern, Arsenalen. Der Bau einer Triere war ein recht aufwendiges Unternehmen, für das Material aus dem gesamten Herrschaftsbereich Athens herangeschafft werden mußte. Die Bretter des Rumpfes bestanden aus langen Fichten, der Kiel mußte aus Eiche gearbeitet werden. Abgedichtet wurde das Ganze mit Pech, das wie die meisten Schiffsbauhölzer von der Nordküste der Ägäis stammte. Zum Schutz der Außenhaut verwendete man einen Menniganstrich, der nur durch die Rötelvorkommen auf der Insel Keos zu dekken war. Komplexe Ingenieurskunst war nicht nur beim Bau der Triere, sondern auch während der Fahrt permanent gefragt. Die Schale des Schiffsrumpfes war im Unterschied zum mittelalterlichen Schiffsbau nicht auf ein Skelett genagelt, sondern wurde zunächst in einem System von mit Feder und Nut zusammengefügten Brettern gebaut und trug sich selbst, bevor man ein

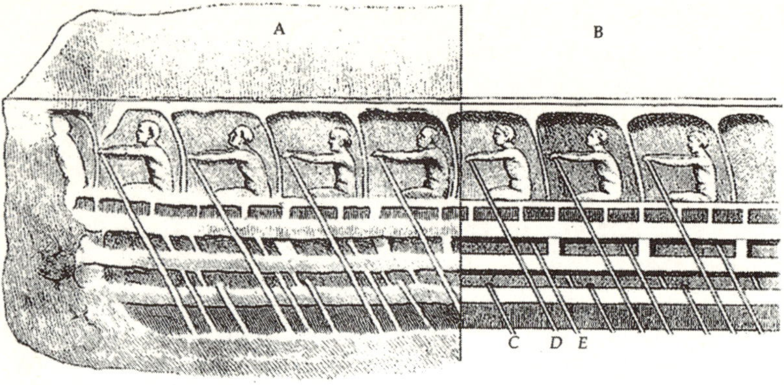

A. Basrelief von Athen (nach der Photographie eines von Fr.Lenormant genommenen Abdruckes.)

B. Jal's Wiederherstellung desselben
C. Thalamitenruder
D. Thranitenruder
E. Zygitenruder

Innenskelett zur Versteifung einbaute. Daher stand das ganze Schiff unter großer Spannung. Diese wurde durch ein etwa 100 m langes, an den Innenseiten der Schiffswände verlaufendes Strecktau (Hypozoma) aufgefangen, das durch eine Winde immer wieder nachgespannt werden mußte. Um gut schwimmen zu können, mußten die Trieren auch während einer Kampagne immer wieder an Land gezogen werden, damit das Holz trocknete. Unbrauchbar gewordene Teile mußten beständig vom Schiffszimmermann ausgetauscht werden.

Die Steuerung und Lenkung des Großkampfschiffs, das schon durch seine Proportionen (32 m Länge, 5–6 m Breite und etwas über 2 m Höhe bei einem extrem geringen Tiefgang von nur 1 m) ausgesprochen schnell, aber auf hoher See auch außerordentlich gefährdet war, mußte einer großen Zahl von nautischen Spezialisten überlassen werden, allen voran dem Steuermann. Für lange Strecken benutzte man den Mast mit Großsegel, das von Maaten und Matrosen bedient wurde, im Seekampf und bei kurzen, schnellen Aktionen wurde der Mastbaum dagegen umgeklappt, gelegentlich auch an Land zurückgelassen. Hier kamen die ungefähr 170 Ruderer zum Einsatz, die den größten Teil der Gesamtbesatzung von insgesamt vielleicht 200 Mann

Abb. 5: Attische Triere des fünften Jahrhunderts.
Zeichnung nach dem Lenormant-Relief (um 400 v. Chr.)
und moderner Nachbau

ausmachten. Nur in Ausnahmefällen kämpften Schiffssoldaten (Epibaten) von Deck zu Deck. Die Regel war, daß das Schiff als solches mit dem ungefähr 200 kg schweren Rammsporn, der aus einem durch Bronzeplatten verstärkten Holzbalkengestell bestand, als Waffe eingesetzt wurde. Da die Triere von drei versetzt übereinander angeordneten Ruderreihen angetrieben wurde, konnten im Angriff beträchtliche Geschwindigkeiten erreicht werden. Es kam darauf an, in letzter Minute die Ruder einzuziehen, die Ruderreihen des feindlichen Schiffes abzurasieren und in einer Wendung, bei der die Ruder wieder ausgefahren wurden, dann den Rumpf des Feindes seitlich zu beschädigen oder den Feind im Zuge einer Umzingelung in die Seite zu rammen (*diekplous* und *periplous*). Die hierfür erforderliche Ruderkunst war beträchtlich. Vor allem die Thraniten, die Ruderer der oberen Reihe, die die (für alle Ruderreihen einheitlich etwa vier Meter langen) Einzelruder über einen Ausleger in einem sehr steilen Winkel zu bedienen hatten, mußten über große Erfahrung und Kraft verfügen. Die unterste Ruderreihe (die Thalamiten) konnten zwar ihre Ruder in einem günstigeren Winkel über die Wasserfläche streichen lassen, waren dafür aber unter Deck gesperrt und mußten die Düfte der sich allmählich am Schiffsboden sammelnden Schiffsjauche ertragen. Die Rudermanöver auf einem solchen Schiff, aber auch die rasche Bemannung nach Nachtruhe und Nahrungszubereitung, die wegen der Enge auf dem Schiff immer an Land erfolgen mußten, erforderten ein langes Training. Auch in Friedenszeiten wurden daher jeden Sommer immer sechzig Schiffe, mit 12 000 Mann Gesamtbesatzung, auf lange Übungsfahrten geschickt. Da die Rudersoldaten und die übrigen Seeleute einen Sold erhielten, beanspruchten schon diese langen Übungsfahrten gewaltige finanzielle Ressourcen.

Selbst die mit der Seefahrt vertrauten Bündner Spartas, allen voran die Korinther, konnten mit der attischen Flotte in keiner Hinsicht konkurrieren. Das hatte bereits die Seeschlacht bei den Sybota-Inseln gezeigt, die die Korinther noch in altertümlicher Weise, nämlich im infanteristischen Kampf an Deck, geschlagen hatten. Aufgrund ihrer überlegenen taktischen Fähigkeiten konnten die Athener auch 429 unter der Führung des Strategen Phormion den Seesieg von Patras mit 20 Schiffen gegen 47 Schiffe der Korinther und anderer Bündner Spartas davontragen. In der Mitte des Sundes, der vom Korinthischen Golf in die Adria führt, von der athenischen Flotte zum Kampf gezwungen, glaubten die Peloponnesier sich dadurch aus der Affäre ziehen zu können, daß sie ihre Schiffe kreisförmig, «den Bug nach außen, das Heck nach innen» (Thuk. 2,83,5) anordneten, um einen *diekplous* zu verhindern. Die Athener umfuhren daraufhin in Kiellinie die peloponnesischen Schiffe in immer enger geführten Kreisbewegungen, «immer äußerst knapp streifend, und den Schein erweckend, sofort zuzustoßen» (Thuk. 2,84,1). Phormion gab erst dann den Befehl zum Angriff, als, wie von ihm aufgrund der Beobachtung des Mikroklimas richtig berechnet, der Golfwind einfiel und dadurch das Chaos bei den dicht zusammengedrängten peloponnesischen Schiffen vergrößert wurde. Planmäßig wurde dabei zunächst eines der Feldherrnschiffe in den Grund gebohrt, so daß die führungslos gewordenen peloponnesischen Schiffe schließlich in wilder Flucht und ohne Ordnung nach Patras und Dyme flohen.

Die Furcht vor der athenischen Ruderkunst, wie sie im Gefecht von Patras deutlich geworden war, und generell vor der athenischen Flottenüberlegenheit hinderte im Archidamischen Krieg die Spartaner daran, ihr propagandistisch formuliertes Kriegsziel, die Befreiung der athenischen Bündner, in Angriff zu nehmen. Nur eine einzige umfassende Flottenexpedition in die Ägäis wurde unternommen, und die wurde zum Fiasko. Bei seinem Unternehmen im Jahre 427 zeichnete sich der spartanische Nauarch (Admiral) Alkidas neben übergroßer Ungeschicklichkeit auch durch übergroße Ängstlichkeit aus, mit den griechischen Anrainern der kleinasiatischen Küste in Kontakt zu kommen. Als die spartanische Flotte von den beiden kreuzenden athenischen Staatsschiffen, der Salaminia und der Paralos, bei Klaros gesichtet wurde, fuhr Alkidas schließlich eilig «aus Furcht vor der Verfolgung über die offene See, in der Absicht, freiwillig nirgendwo anders zu landen als an der Peloponnes» (Thuk. 3,33,1).

Seinen technologischen und organisatorischen Vorsprung hätte Athen zweifelsohne über den Archidamischen Krieg hinaus behalten können, wenn es nicht den größten Teil seiner Flottenmacht in der Sizilienexpedition (415–413) verspielt hätte. Die in Olympia und in Delphi angehäuften und dem spartanischen Zugriff zugänglichen Schätze für die Anwerbung von ionischen Ruderern und für den Ausbau einer eigenen schlagkräftigen Flotte zu nutzen, lag ganz außerhalb des Horizontes der Spartaner. Auch der Rekurs auf persische Subsidien wurde vor dem Dekeleischen Krieg noch nicht ernsthaft erwogen, auch wenn durchaus Gesandte zum Großkönig geschickt wurden.

Unerschütterliches Vertrauen konnten die Spartaner dagegen in ihre schwere Infanterie haben. Die im siebten Jahrhundert erfundene und in der spätarchaischen Zeit verfeinerte Taktik des Hoplitenkampfes wurde von den übrigen griechischen Mächten zwar ebenfalls gepflegt, nur in Sparta aber war der Hoplitenkampf zum ausschließlichen Beruf der Vollbürger geworden. Im idealen Fall rückte die Hoplitenphalanx in mehreren Schlachtreihen auf einem zuvor für den Kampf präparierten und von Buschwerk befreitem Terrain wie eine Maschine voran. Die Bewaffnung des schwerbewaffneten Einzelinfanteristen war für den spezifischen Formationskampf in der Phalanx konzipiert und verfeinert worden. Ein großer runder, bei den Spartanern mit einem Lambda (für Lakedaimon) geschmückter Schild sorgte für den eigenen Schutz, zusätzlich trug man einen schweren Brustpanzer (Thorax). Ein das Gesicht schützender korinthischer Helm gab nur ein beschränktes, aber für den Kampf in einer Reihe genügendes Sichtfeld frei. Knemides (Beinschienen) schützten die vom Schild nicht mehr bedeckten Unterschenkel. Durch den Druck des Schildes (*othismos*) versuchte man die Reihen des Feindes wegzudrängen. Als Angriffswaffe gebrauchte man eine Stoßlanze, die nicht nur eine obere Spitze hatte, sondern auch einen ebenfalls zugespitzten Schuh, mit dem man beim Vordrängen der Formation dem am Boden liegenden Feind noch einmal zusetzen konnte. Da man den (mit zwei Halterungen versehenen) Schild mit dem linken Arm und den Speer mit dem rechten Arm führte, mußte der rechte Nebenmann die offene Seite zu decken versuchen. Aus diesem Grund ist in Hoplitenschlachten der klassischen Zeit der rechte Flügel stets kampfstärker gewesen als der linke. Der Sieg auf der rechten Seite, den sich die Spartaner im Bundesheer vorbehielten, war immer so gut wie sicher. Entscheidend war, ob der siegreiche rechte Flügel nach dem Werfen des Feindes auch das übrige Schlachtgeschehen dominieren konnte.

Im Bund mit den Hoplitenaufgeboten aus den übrigen Staaten des Peloponnesischen Bundes war die Armee, über die Sparta verfügte, unüberwindlich. In Athen waren zwar immerhin 13 000 reichere Bürger am Vorabend des Peloponnesischen Krieges im Hoplitendienst aktiv, und in einigen Kampagnen des Krieges, etwa in der Auseinandersetzung mit den Syrakusanern, behauptete sich das athenische Hoplitenaufgebot durchaus. Gegen die Spartaner und ihre peloponnesische Gefolgschaft konnten die Athener freilich qualitativ nicht gleichziehen. In den Ausnahmefällen, in denen athenische Infanterie auf spartanische Truppen stieß, hatten die Athener das Nachsehen, etwa in der großen Schlacht von Mantineia (418, also bereits nach dem Archidamischen Krieg) oder im Kampf des an sich gut gerüsteten und homogenen, aber nicht ausreichend disziplinierten Expeditionsheers Kleons gegen die Truppen des Brasidas beim Kampf um Amphipolis. Hier stellte der Spartaner Brasidas schon aus der Ferne fest, wie mangelhaft die Kampfmoral im athenischen Hoplitenheer war: «Die Männer werden uns nicht standhalten; sie verraten es durch die Bewegung der Speere und der Köpfe; die, denen das unterläuft, halten gewöhnlich keinem Angriff stand.» (Thuk. 5,10,5)

Für die Athener war es besser, den Spartanern aus dem Weg zu gehen, was sie zumindest während der spartanischen Einfälle in Attika trotz der Erbitterung über die von den Spartanern angerichtete Verwüstung als Regel beachteten. Den Mythos ihrer Unbesiegbarkeit konnten die Spartaner über die Dauer des Krieges auch deshalb hinwegretten, weil sie so selten in die Verlegenheit kamen, sich militärisch bewähren zu müssen. Immerhin sorgte die Gefangennahme der spartanischen Hopliten auf der Insel Sphakteria (424) dafür, daß der Ruhmesschild nicht völlig unbefleckt blieb. Man mochte dies damit entschuldigen, daß den Spartanern auf der Insel die Anwendung der Hoplitentaktik kaum gelingen konnte. Bei der Konfrontation auf der Insel hatte sich die athenische Infanterie zwar in Schlachtordnung aufgestellt, zog aber den Spartanern nicht entgegen und überließ es den Leichtbewaffneten, die Feinde durch Geschosse zu erledigen. Nach langer und erbitterter Gegenwehr blieb den von allen Seiten eingekreisten Spartanern nichts anderes übrig, als auf die in einer Kampfpause angebotenen Verhandlungen einzugehen und sich zu ergeben. Das entsprach kaum dem für die spartanische Hoplitendisziplin formulierten sittlichen Ideal der *kalokagathia*, d. h. dem Wesen des «schönen und guten» Mannes. Daß man in Sparta eigentlich hier eine andere Haltung erwartet hatte, zeigt der Umstand, daß die aus der athenischen Gefangenschaft befreiten Sphakteria-Kämpfer in Sparta nach einigem Hin und Her schließlich ihre Bürgerrechte verloren und zu *atimoi*, zu Ehrlosen wurden.

Eine Generation nach dem Peloponnesischen Krieg wurden die bis dahin als unbesiegbar geltenden Spartiaten dann auch im regulären Massenkampf besiegt, nämlich durch die Thebaner in der Schlacht von Leuktra (371). Der Aufstieg des böotisch-thebanischen Hoplitenheers zeichnete sich bereits im Peloponnesischen Krieg ab. Gegen dieses Heer erlitten die athenischen Hopliten ihre schlimmste Niederlage im gesamten Peloponnesischen Krieg, und zwar in der Schlacht vom Delion (424), einem Heiligtum der Böoter, das sehr nahe an der böotisch-athenischen Grenze lag. Nachdem der für die Kampagne von 424 gefaßte Plan einer umfassenden Angriffsaktion gescheitert war, hatte der athenische Stratege Hippokrates mit dem Gesamtaufgebot aller Athener (und sogar der in Athen beheimateten Metöken) dieses Heiligtum besetzt und mit Palisadenzäunen und anderen provisorischen Maßnahmen zur Festung ausgebaut. Als das Gros der Athener nach dem Festungsbau wieder abzog, fing das Heer des Böotischen Bundes mit insgesamt 7000 Hopliten (das heißt zwei Dritteln des böotischen Gesamtaufgebots) sie unterwegs ab, und zwar von einem Hügel aus, auf dem man eine günstige Stellung bezogen hatte. Der weitaus bedeutendste böotische Staat, Theben, stellte den gesamten, ungewöhnlich starken, nämlich 25 Reihen tiefen, dafür aber sehr schmalen rechten Flügel. Die Aufgebote der übrigen böotischen Städte standen in der Mitte und auf dem linken Flügel. Die athenischen Hopliten waren zahlenmäßig nicht unterlegen und stellten sich in einer acht Reihen tiefen Schlachtordnung auf, in einer Frontbreite von ungefähr 875 Mann. Beim Aufeinanderprallen der beiden Formationen im Laufschritt wurde der schwächere linke Flügel der Böoter zwar erwartungsgemäß von den Athenern im heftigen Kampf zurückgedrängt. Ferner trugen die Thebaner auf dem rechten Flügel den Sieg davon. Entscheidend war aber, daß der anfangs siegreiche Flügel der Athener in Panik geriet, als im Hügelgelände oberhalb von ihm böotische Reiter auftauchten, und man glaubte, dies sei die Vorhut eines zweiten feindlichen Heeres. Die größten Verluste erlitten die Athener als sie nach der Auflösung jeglicher Ordnung in alle Richtungen auseinanderflohen. «Die einen bewegten sich nach Delion und zum Meer, andere nach Oropos, jene zum Parnesgebirge, andere wiederum, wie ein jeder irgendeine Hoffnung auf Rettung hatte. Die Boioter aber folgten und mordeten, insbesondere die Reiter, ihre eigenen und die Lokrer, die im Augenblick der Schlachtwende zur Hilfe eingetroffen waren; nur weil die Nacht über dem Werke eingebrochen war, wurde der Großteil der Flüchtenden noch glimpflich gerettet.» (Thuk. 4,96,7–8)

Der Sieg der Böoter war nicht nur der Überlegenheit der thebanischen Hopliten zu verdanken, sondern auch dem Einsatz der Reiterei. Obgleich diese Truppenkategorie insgesamt in der Klassischen Zeit von geringerer Bedeutung war, konnte sie in Einzelfällen kampfentscheidend sein. Wegen ihrer geringen Flexibilität bedurfte die reine Hoplitentaktik ohnehin immer mehr der Ergänzung durch beweglichere Truppen. Gegenüber den Nachbarschaftskriegen der archaischen Zeit erfaßte der Peloponnesische Krieg viel größere Räume. Ein Großteil der militärischen Operationen dieser Zeit hatte es daher mit raschen Bewegungen und Besetzungen zu tun. Besonders in den Kämpfen, die etwa Demosthenes im Nordwesten Griechenlands durchzuführen hatte, erwies sich die schwere Hoplitenrüstung eher als Hindernis. Die viel wendigeren leichtbewaffneten Aitoler konnten den schwerfälligen Athenern bei Aigition durch rasches Nachsetzen und Weichen so zusetzen, daß diese schließlich in «auswegslose Schluchten und Gegenden, die sie nicht kannten» fliehen mußten (Thuk. 3,98,1), wo dann ein Teil der Athener auf der Flucht durch Lanzenwürfe umkam, während der größere Rest in ein Waldstück getrieben wurde, wo er in einem von den Aitolern vorbereiteten Feuerring umkam. Die bei Aigition und anderswo erwiesene Notwendigkeit, auf die Bedingungen des Geländes einzugehen, führte letztlich dazu, daß auf Dauer ein immer größeres Gewicht auf die leichte Infanterie gelegt wurde, etwa in der Verwendung der nach ihrem Leichtschild (*pelte*) als Peltasten bezeichneten Truppe. Zur Zeit des Peloponnesischen Krieges wurde diese leichte Infanterie einerseits aus Fremden rekrutiert. Insbesondere kamen hier thrakische Söldner zum Einsatz. Andererseits konnten auch Ruderer nach ihrer Landung als leichtbewaffnete Infanteristen kämpfen (etwa bei

Ephesos 410), und auch die Hopliten selbst trugen, wenn sie nicht im Formationskampf eingesetzt wurden, keineswegs ständig den schweren Bronzepanzer. Besonders wenig Wert mußte auf die Rüstung gelegt werden, wenn es gegen die wehrlose Zivilbevölkerung ging. Die Massaker des Peloponnesischen Krieges wurden von Leichtbewaffneten verübt.

3. Mentalitätswandel und Verrohung: Die Pest und die Stasis von Korkyra

In den Perserkriegen blieben die Kriegshandlungen auf wenige Kampagnen beschränkt. Ähnliches gilt für den sogenannten Ersten Peloponnesischen Krieg, der zwar von 457 bis 446 dauerte, in dem aber immerhin 451 ein fünfjähriger Waffenstillstand abgeschlossen wurde. Dagegen erforderte der Archidamische Krieg ununterbrochene Anstrengungen. Thukydides hat eindringlich beschrieben, wie der Krieg durch katastrophale und unerwartete existentielle Belastungen, aber auch durch seine bloße Dauer die Mentalitäten der vom Kriegsgeschehen betroffenen Menschen in grundsätzlicher Weise veränderte.

Zu den unerwarteten Ereignissen gehörte zunächst die Pest von 430. Die Umstände des Krieges lösten die Pest zwar nicht aus, aber die kriegsbedingte Übersiedlung der Landbevölkerung in die Stadt und in das Areal innerhalb der Langen Mauern hatte auf jeden Fall zur katastrophalen Zuspitzung der Lage beigetragen: «Es bedrückte sie zusätzlich zur gegenwärtigen Not besonders auch das Zusammenziehen vom Land in die Stadt, und zwar vor allem die, die hinzugekommen waren. Denn da keine Häuser zur Verfügung standen, mußten sie im Sommer in stickigen Verschlägen wohnen und erlagen der Seuche ohne jede Ordnung.» (Thuk. 2,52) Thukydides konnte die Pest – im Griechischen steht schlicht *loimos* (Seuche) – deshalb äußerst genau beschreiben, weil er an ihr selbst erkrankt war. Seine genaue Beschreibung läßt sich allerdings mit einer heute bekannten Krankheit nicht in Verbindung bringen. Das hat entweder damit zu tun, daß man Krankheiten vor 2500 Jahren völlig anders wahrnahm als heute oder daß ganz andere Erreger virulent waren. Thukydides schildert aber nicht nur medizinisch exakt den Verlauf der Seuche, sondern vor allem die schrecklichen Szenen im zwischenmenschlichen Bereich, die sich während der Seuche abspielten. Die Pest ist nach seiner Darstellung eine der vielen kriegsbedingten Extremsituationen, die den dünnen Lack der Zivilisation absprengt. Der völlige Zusammenbruch jeglicher sozialen und moralischen Ordnung wird als die eigentliche Katastrophe empfunden: «Die Leichen lagen im Tod übereinander, Halbtote wälzten sich auf den Wegen und um alle Brunnen, gierig nach Wasser. Die Heiligtümer, in denen sie zelteten, lagen voller Toter, die dort drinnen gestorben waren. (...) Überhaupt machte die Krankheit in der Stadt auch sonst den Anfang mit der Verachtung aller Werte. Leichter wagte man nämlich das, was man früher unterdrückt hatte, nämlich nach bloßer Lust zu handeln. Denn sie sahen, wie schnell die Wohlhabendenden und plötzlich Sterbenden mit denen wechselten, die zuvor nichts hatten und nun sofort das Hab und Gut jener besaßen. So hielten sie es für richtig, rasche Genüsse zur Annehmlichkeit zu erleben, in der Meinung, daß Leib und Geld in der gleichen Weise völlig vergänglich waren.» (Thuk. 2,52,3–53,2)

Das schockierende Erlebnis der Pest war maßgeblich dafür verantwortlich, daß die Athener bereits im zweiten Kriegsjahr daran dachten, den Kampf mit Sparta aufzugeben, und aus diesem Grund eine (erfolglose) Gesandtschaft zum Feind schickten. Perikles gelang es nur mit Mühe die Athener zu überreden, beim einmal beschlossenen Krieg zu bleiben. Als die Kriegsmüdigkeit aber weiter zunahm, konnte es politischen Gegnern schließlich gelingen, Perikles vorübergehend zu entmachten und unter Anklage zu stellen. Allerdings führte die wachsende Gewöhnung an den Krieg und die Abstumpfung gegen «eigenes Elend» (Thuk. 2,65,4) dazu, daß Perikles angesichts seiner anerkannten Führungsqualitäten kurz vor seinem Tod (429) erneut zum Strategen gewählt wurde. Erst nach seinem Tod sollten sich die Athener in entscheidenden Punkten von der perikleischen Strategie abwenden und dabei, wie Thukydides meint, große Fehler machen.

Das Interesse, das Thukydides an der Pest hatte, erklärt sich offenkundig auch mit ihrer Bedeutung für das Verhältnis zwischen dem Demos und dem führenden Politiker Perikles in den ersten Jahren der athenischen Kriegführung. Vor allem illustriert aber die Pestbeschreibung einen Einzelaspekt des apokalyptischen Vernichtungszenarios, der in den Augen des Thukydides den Peloponnesischen Krieg zum bedeutendsten Ereignis der Geschichte machte, weil die Griechen nicht nur von den eigentlichen Kriegshandlungen, sondern auch von Bürgerkrieg, Erdbeben, Dürre und eben der Pest heimgesucht wurden (Thuk. 1,23).

Möglicherweise wollte Thukydides mit der Pestbeschreibung auch auf übergeordnete Zusammenhänge hinweisen. So hat man etwa angenommen, daß Thukydides mit der Pestbeschreibung darlegen wollte, daß der Peloponnesische Krieg im übertragenen Sinn als Krankheit aufzufassen sei, die die griechische Staatenwelt erfaßte. Oder man hat die Tatsache, daß die Pestbeschreibung auf den bereits erwähnten Epitaphios folgt, mit dem der thukydideische Perikles die Gefallenen des Jahres 430 durch ein Lob auf Athen ehrt, damit erklären wollen, daß Thukydides durch diese Gegenüberstellung von Anfang an seine kritische Haltung gegenüber dem im Peloponnesischen Krieg zugrundegegangenen perikleischen Athen habe offenlegen wollen. Explizit hat Thukydides freilich der Pest einen über sich selbst hinausweisenden oder bedeutungsvollen Charakter nicht zugewiesen. Als Geschehen war die Seuche in den Augen des Thukydides schrecklich genug. Seiner Ansicht nach «bedrängte nichts anderes mehr als diese die Athener und schädigte nichts mehr ihre Macht» (Thuk. 3,87,2). Sie raffte mindestens ein Viertel der wehrfähigen Bevölkerung Athens dahin: Von einem nach Poteidaia geschickten Expeditionskorps von 4000 Hopliten starben – wie bereits erwähnt – 1500.

Anderes gilt für eine weitere hochberühmte Episode im thukydideischen Geschichtswerk, der Darstellung der Stasis auf Korkyra. Hier macht Thukydides durch allgemeine Ausführungen deutlich, daß der Bürgerkrieg in Korkyra zwar an sich schrecklich war, daß er aber auch exemplarisch die kriegsbedingte Brutalisierung des politischen Lebens in den einzelnen griechischen Staaten illustrierte.

Die Leidensgeschichte von Korkyra dauerte von 427 bis 425. Es begann damit, daß die Korinther die korkyräischen Kriegsgefangenen aus den Schlachten von Leukimme und den Sybota-Inseln freiließen und nach Korkyra zurückschickten. Diese Kriegsgefangenen gehörten der wohlhabenden Aristokratie Korkyras an und sympathisierten insgeheim mit den korinthischen Oligarchen. Als fünfte Kolonne sollten sie dafür sorgen, daß Korkyra auf die Seite der Korinther wechselte. Der Plan mißlang. Aber in der sich immer mehr zuspitzenden Auseinandersetzung innerhalb der korkyräischen Führungsschicht wurde schließlich Peithias, der Führer der proathenischen Partei, mit sechzig Anhängern erschlagen, womit die Oligarchen die unmittelbar bevorstehende definitive Bindung Korkyras an Athen (durch den Eintritt in den Attischen Seebund) zu verhindern versuchten. In der folgenden Zeit intervenierten Athen und Sparta wiederholt in dem nun offen ausgebrochenen Bürgerkrieg zwischen den reichen, mit Korinth und Sparta sympathisierenden Oligarchen und den Aristokraten, die im Bündnis mit breiteren Kreisen standen und mit diesen den «Demos» konstituierten. Als der Kampf zwischen den Bürgerkriegsparteien eskaliert war – an einem erbitterten Straßenkampf beteiligten sich auch Frauen, die von den Häusern mit Ziegeln warfen, und Teile der Stadt wurden in Brand gesteckt –, befanden sich die Oligarchen in einer auswegslosen Lage und wurden nur dadurch gerettet, daß am nächsten Tag der Athener Nikostratos im Chaos intervenierte und einen Vergleich durchsetzte. Später wurden die unterlegenen Oligarchen auf einer Insel vor dem Heratempel vor Korkyra interniert und mit Lebensmitteln versorgt. Es folgte ein Hin und Her von Interventionen zunächst der peloponnesischen Flotte des Alkidas, dann einer stärkeren neuen athenischen Flotte von sechzig Schiffen unter der Führung des Eurymedon. Die in das Heraheiligtum zurückverfrachteten Oligarchen wurden schließlich teils von den Demokraten hingerichtet, teils brachten sie sich gegenseitig um. Manche «erhängten sich» auch «an den Bäumen oder verübten Selbstmord, wie ein jeder konnte» (Thuk. 3,81,3). Es folgte – immer noch unter der Präsenz der athenischen Flotte – ein generelles, sieben

Tage dauerndes Massaker in der ganzen Stadt an allen vermeintlichen Feinden der demokratischen Sache. Dabei benutzten verschuldete Existenzen die günstige Gelegenheit, sich im allgemeinen Tötungsszenario von ihren Gläubigern zu befreien.

Einige hundert Oligarchen konnten sich allerdings retten. Sie setzten sich als Exulantengruppe zunächst auf dem gegenüberliegenden Festland, dann auf der Insel selbst fest. Im Bund mit athenischen Truppen erzwangen die Korkyräer nach zwei Jahren des Kleinkrieges schließlich die Kapitulation der Emigranten. Durch eine List umgingen die korkyräischen Demokraten die Kapitulationsvereinbarungen und brachten die restlichen Oligarchen in einem erneuten, von Thukydides in allen Details geschilderten Massaker um. «Der Bürgerkrieg ging damit zu Ende (...). Denn von der einen Partei war nichts Nennenswertes mehr übrig» (Thuk. 4,48,5).

Der Bürgerkrieg von Korkyra ist – wie Thukydides in der sogenannten Pathologie des Krieges (3,82–84) klar macht – nur der erste in einer Serie von inneren Konflikten, die sich in «ganz Hellas» während des Peloponnesischen Krieges abspielten. Der Konflikt zwischen Bürgern innerhalb einer Stadt, die Stasis, war zwar auch schon vor dem Peloponnesischen Krieg eine immer wiederkehrende Erscheinung im politischen Leben Griechenlands. Im Peloponnesischen Krieg brachen aber Staseis nun auch deshalb aus oder eskalierten ins Extreme, weil man immer die Intervention der athenischen oder spartanischen Führungsmacht ins Spiel bringen konnte. Die schlimmsten Massaker in Korkyra fanden bezeichnenderweise gerade dann statt, wenn eine der beiden kriegführenden Hegemonialmächte mit ihrer Flotte vor Ort präsent war. Die Bürgerkriegsauseinandersetzungen folgten damit nicht nur sozioökonomischen Konfliktlinien zwischen Armen und Reichen, sondern wurden von den Konfliktlinien der gegensätzlichen außenpolitischen Präferenz überlagert, so daß den Athenanhängern (*attikizontes*) die Spartaanhänger (*lakonizontes*) gegenüberstanden.

Die sich verschärfenden lokalen Stasis-Auseinandersetzungen, die etwa in Kolophon, Rhegion oder Leontinoi wüteten, waren dabei nur eine Facette in einem Kriegsgeschehen, das sich generell durch zunehmende Verrohung auszeichnete. Schon sehr bald nach dem Ausbruch des Krieges hatte sich die griechische Öffentlichkeit an Massenhinrichtungen und Mißachtungen von religiösen, völkerrechtsähnlichen Regeln gewöhnt, denen man sich bei der Kriegführung früher verpflichtet gefühlt hatte. Entscheidend war dabei kaum die Einzelaktion – schon vor dem Peloponnesischen Krieg hatten die Korkyräer etwa die Neusiedler von Epidamnos ohne weiteres hinrichten lassen – als die Häufigkeit, mit der sich diese Brutalitäten wiederholten.

431 hatten die Plataier die thebanischen Gefangenen hinrichten lassen. Athen hatte gegen die Megarer verkündet, jeden in Attika gefangenen Megarer sofort töten zu lassen. Attische Kaufleute, die von den Peloponnesiern auf hoher See aufgegriffen wurden, wurden sofort umgebracht. Nach der Einnahme von Plataiai 427 wurden 200 Plataier und 25 Athener nach einem Schauprozeß hingerichtet. Die Athener gingen 427 mit der abtrünnigen Polis Mytilene kaum milder um. 424 drohten sie mit der Hinrichtung aller in Sphakteria gefangener Spartaner für den Fall, daß die Spartaner ihre Einfälle nach Attika wieder aufnehmen sollten, und ließen im gleichen Jahr alle Exilägineten, derer sie nach einem Überfall auf Thyrea habhaft wurden, hinrichten. Nicht viel besser waren die Böoter, die etwa den in der Schlacht vom Delion gefallenen Athenern lange völkerrechtswidrig die Bestattung verweigerten. Die Liste läßt sich fortsetzen und reicht über die Zäsur des Nikias-Friedens hinaus. Der Gipfel der Inhumanität wurde erreicht, als die Athener im Sommer 413 aus Geldmangel eine mordgierige thrakische Söldnertruppe in die Heimat entließen und diese unter der Führung des athenischen Offiziers Dieitrephes unterwegs im kleinen böotischen Städtchen Mykalessos die gesamte Zivilbevölkerung und vor allem alle in der Schule versammelten Kinder niedermetzelte. Thukydides hat diese nicht eigentlich kriegswichtige Episode ausführlich skizziert, um die diversen Aspekte der Kriegsgreuel und Brutalitäten aufzuzeigen, für die die kriegführenden Mächte mittelbar und unmittelbar verantwortlich waren. Die Erinnerung an die kollektive Hinrichtung oder Versklavung der Bevölkerung von Skione (421) oder Melos (415) ließ

die Athener zu Recht unmittelbar vor der Kapitulation von 404 für ihr eigenes Schicksal das Schlimmste befürchten. Als 407 der Spartaner Kallikratidas darauf verzichtete, die Bürger von Methymna in die Sklaverei zu verkaufen, wurde dies als ganz unübliche und außergewöhnliche Haltung hervorgehoben.

Man hat aufgrund der Anteilnahme, mit der Thukydides die innergriechischen Brutalitäten beschreibt, immer wieder die Auffassung vertreten, Thukydides habe den Peloponnesischen Krieg letztlich als einen innergriechischen Bürgerkrieg betrachtet. Damit werden freilich die klaren Kategorien verwischt, mit denen Thukydides das Geschehen analysiert. Es gibt zwar einen Zusammenhang zwischen der Brutalität der innergriechischen Kriegführung und dem Bürgerkrieg, der Stasis, aber nicht in der Form, daß damit beide Dimensionen ineinander übergehen. Vielmehr bleibt der Bürgerkrieg die Folge des Krieges. Die Gewöhnung an hemmungslose Kriegführung und die allgemeine Verrohung führen im Bund mit dem kriegsbedingten Wegbrechen des Wohlstandes und der bürgerlichen Existenzsicherheit zu massenpsychologischen Veränderungen, die sich in der Innenpolitik auswirken: «Im Frieden und wenn die Dinge gut laufen, haben Städte und Privatleute eine bessere Gesinnung, weil sie nicht in unerwünschte Zwänge fallen. Der Krieg aber nimmt die Sorglosigkeit des Alltags, ist ein Lehrer der Gewalttätigkeit und führt bei der Menge zu einem den gegenwärtigen Verhältnissen entsprechenden zornigen Gemüt» (Thuk. 3,82,2). Mit diesen Bemerkungen zielt Thukydides auch auf die zunehmende Enthemmung der Athener in den innenpolitischen Auseinandersetzungen, die zu den oligarchischen Umstürzen von 411 und 404 führen sollten und sich auch sonst als schwere Belastung der Kriegführung erwiesen. Am Ende des Krieges seien, so Thukydides in seinem Ausblick auf die Fehlleistungen der nachperikleischen Politiker (2,65,12), die Athener übereinander hergefallen und auf diese Weise zugrunde gegangen.

4. Brasidas und Kleon: Das Ende des Archidamischen Krieges

Diese Zuspitzung der innenpolitischen Auseinandersetzung bahnte sich bereits in der Generation von Politikern an, die in der Mitte der 20er Jahre während des Archidamischen Krieges das Steuer übernahmen. In einer späten Tradition sind dabei diese Konfliktlinien zweifelsohne verzeichnet und der Eindruck erweckt worden, es hätten sich die Friedenspartei «gemäßigter» Demokraten und die Kriegspartei «radikaler» Demagogen gegenübergestanden. In Wirklichkeit war man sich in der politischen Elite vielmehr in der Fortführung des Kriegskurses und der Intensivierung des imperialistischen Zugriffs auf die Bündner einig und stritt sich allenfalls um Nuancen, etwa in der dramatischen Debatte des Jahres 427, als es darum ging, Mytilene abzustrafen und der brutale, von Kleon inspirierte Beschluß, alle Mytilener hinrichten zu lassen, durch die mildere Entscheidung korrigiert wurde, «nur» um die 1000 für den Abfall der Stadt verantwortlichen Oligarchen zu töten.

Bei den innenpolitischen Auseinandersetzungen zwischen den nachperikleischen Politikern ging es also zunächst nicht um fundamentale Differenzen um den außenpolitischen Kurs, sondern ausschließlich darum, der «erste» zu sein und sich einen möglichst großen Anhang in der Volksversammlung zu sichern. In der kritischen Situation des Krieges führte dieses an sich normale Politikerverhalten freilich zu schweren Steuerungsdefiziten. Besonders deutlich wurde dies im politischen Konflikt, der die letzten Jahre des Archidamischen Krieges dominierte, nämlich in der Auseinandersetzung zwischen Kleon und Nikias. Thukydides kannte Kleon, dessen Strategen-Kollege er im Jahre 424 gewesen war, wohl zu gut, um ein leidenschaftsloses Porträt dieses Politikers zu geben. Er charakterisiert ihn im Zusammenhang mit seinem ersten großen Auftritt in der Entscheidung um das Schicksal von Mytilene als einen äußerst gewalttätigen Demagogen, der den perikleischen Kriegskurs ins Extreme trieb. Auch für die Jahre, in denen dann Kleon die athenische Politik dominierte, hält sich Thukydides wiederholt mit abfälligen Bemerkungen nicht zurück. Er demonstriert damit die Abneigung, die er als Sproß einer hochvornehmen athenischen Familie gegenüber dem Auftreten dieses Politikers hatte. Kleon suchte immer wieder den Bruch mit der Tradition und kam selbst in Details wie der agitatorischen Redetechnik, der vulgären Gewandung oder der Wahl der Form des Privatbriefs für Berichte an die Volksversammlung dem Geschmack breiter Volksmassen entgegen, um seinen Anhang zu vergrößern. Es ist dieser neue politische Stil und nicht allein die Herkunft aus der neureichen Wirtschaftselite, die den Lederfabrikanten Kleon als den ersten Vertreter der sogenannten «New Politicians» erscheinen läßt. Sein Antipode, der schwerreiche Nikias, entstammte kaum einem anderen Milieu, orientierte sich aber im Auftreten an den früheren Volksführern und Strategen aus den alten Eliten. Popularität suchte er mit anderen Mitteln zu erlangen, zum einen nämlich durch die Demonstration seines überlegenen Organisations- und Feldherrntalents etwa in der Kampagne des Jahres 426, zum anderen in einer skrupulösen, anscheinend von eigener Überzeugung getragenen Respektierung der Volksreligion (etwa im Fall der Bemühung um die ordnungsgemäße Bestattung einiger in Solygeia zurückgelassener Athener). Aber er war kaum weniger ehrgeizig als Kleon, und daß er über dem persönlichen Ehrgeiz die Bedürfnisse sachlich gebotener Politik vernachlässigte, wurde bereits deutlich, als der Krieg im Jahre 425 eine unerwartete Wendung nahm.

In diesem Jahr gelang es nämlich Demosthenes, der ohne Amt eine neue athenische Flotte, die auf dem Weg nach Korkyra und Sizilien war, begleitete, bei der Fahrt an der westlichen Peloponnes einen Platz im spartanischen Herrschaftsgebiet, nämlich Pylos, einzunehmen und zur Festung auszubauen. Die Spartaner besetzten beim Versuch, diese Position zurückzugewinnen, die südlich davon gelegene kleine Insel Sphakteria mit einer Hoplitentruppe, in der unter anderem 120 Vollbürger (Spartiaten) aus den besten Familien mitkämpften. Als diese Truppe von der athenischen Flotte blockiert werden konnte und die Gefangennahme der Spartiaten drohte, bot Sparta Friedensverhandlungen an. Kleon betrieb trotz einer für Athen äußerst günstigen

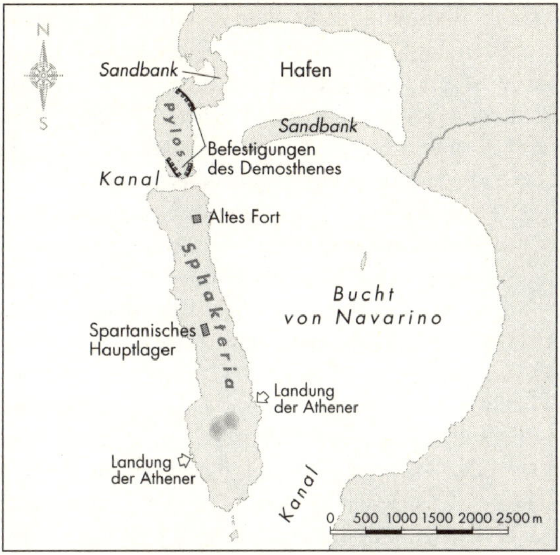

Abb. 6: Pylos und Sphakteria

Situation den Abbruch der diplomatischen Unterredungen, indem er die Gegenforderungen immer höher schraubte. Ihm gelang es schließlich, einen Kriegsplan des Demosthenes zu exekutieren und die Spartiaten, wie in der Volksversammlung angekündigt, zur Überraschung seiner politischen Rivalen, allen voran des Nikias, tatsächlich gefangenzunehmen. Die sogenannten «Vernünftigen» unter den Athenern, zu denen auch Nikias gehörte, hatten die Ausstattung Kleons mit einem außerordentlichen Kommando vor allem deshalb gutgeheißen, weil sie in wenig patriotischer Gesinnung gehofft hatten, die Expedition des militärisch unerfahrenen Demagogen werde zum Fiasko werden und sie auf diese Weise von der Existenz eines lästigen Konkurrenten befreien.

In den drei folgenden Jahren lastete der politische Triumph Kleons schwer auf Athen und förderte ein Klima, in dem die siegesbewußten Athener nun ganz offen vom perikleischen Kriegsplan abwichen und die Gelegenheit versäumten, unter besonders günstigen Bedingungen Frieden zu schließen. Dem Triumph von 425 sollten die Katastrophen von 424 folgen. Das Jahr begann zwar erfolgreich mit der Einnahme von Kythera durch Nikias und der Eroberung des megarischen Hafens Nisaia, aber im November wurde ein großer Teil des athenischen Hoplitenaufgebots in der (oben bereits beschriebenen) Schlacht vom Delion aufgerieben. Bereits zuvor war der spartanische Offizier Brasidas auf dem Landweg über Mittelgriechenland und Herakleia mit einem aus Heloten und Söldnern rekrutierten Korps zur Chalkidike gelangt. Mit seiner Festsetzung in Nordgriechenland traf er die athenische Seemacht dort, wo sie einen großen Teil ihrer Ressourcen für den Flottenbau bezog. Akanthos und Stagiros konnte Brasidas durch seine Überredungskunst, insbesondere durch das Autonomieversprechen, aber auch durch die Mitwirkung der Oligarchenpartei dieser Städte kampflos gewinnen. Der Verlust wäre für Athen zu verschmerzen gewesen. Aber Brasidas begnügte sich nicht damit, sondern überquerte im Dezember 424 die Brücke über den Strymon und tauchte überraschend vor dem wichtigsten athenischen Stützpunkt im Norden, vor Amphipolis, auf. Noch während der Stratege und spätere Historiker Thukydides unterwegs war, um der Stadt zu Hilfe zu kommen, waren die Bewohner von Amphipolis, die nur zum kleineren Teil athenischer Abstammung waren, auf die verlockenden Übergabebedingungen des Brasidas eingegangen. In den ersten Monaten des Jahres 423 fielen andere Städte in Thrakien (Myrkinos, Galepsos, Oisyme und vor allem Torone) dem Brasidas in die Hände.

Aus Angst vor weiteren Verlusten in Nordgriechenland entschlossen sich die Athener im Frühjahr 423 dazu, Sparta um einen Waffenstillstand zu ersuchen. Dort ging man auf diese Bitte ein, weil die führenden Politiker den wachsenden Erfolg des Brasidas in Thrakien eher als Bedrohung ihrer Position denn als Gewinn für Sparta betrachteten und weil ihr Hauptziel immer noch die Befreiung der gefangengehaltenen, mit ihnen verwandtschaftlich oder anderweitig verbundenen Spartiaten war. Beide Parteien vereinbarten, für ein Jahr die Feindseligkeiten ruhen zu lassen und den Status quo zu respektieren. Sparta erklärte sich sogar bereit, auf Flottenoperationen zu verzichten. Aber während der Waffenstillstandsverhandlungen belagerte Brasidas die Stadt Skione, die zwei Tage nach dem Abschluß des Vertrags von Athen abfiel. Politiker wie Kleon sahen darin einen flagranten Verstoß gegen die Bestimmungen des Vertrags. Darüber konnte man angesichts der fast völligen Simultanität von Waffenstillstandsvertrag und Abfall geteilter Meinung sein. Hingegen war bei dem wenig später folgenden Übergang von Mende in den spartanischen Machtbereich der Verstoß gegen das Abkommen evident.

Unter diesen Umständen hatte es der im April 422 erneut zum Strategen gewählte Kleon leicht, die Athener gegen die Bedenken des Nikias zu einer großen Expedition (mit dreißig Trieren, 1200 Hopliten und 300 Reitern) in den Norden zu bewegen. Die Expedition begann zwar zunächst erfolgreich, etwa durch die Erstürmung der Stadt Torone, mit der in gewohnter Manier verfahren wurde – Frauen und Kinder wurden in die Sklaverei verkauft, die Männer zur Aburteilung nach Athen verbracht. Dann aber folgte die Katastrophe. Ohne die taktische Führung einer großen Hoplitentruppe zu bewältigen, die ihn zu allem Überfluß noch verachtete und sich keiner Disziplin fügte, riskierte Kleon einen keineswegs notwendigen Vormarsch bis an die Mauern von Amphipolis. Als die Truppe ungeordnet wieder abzog, wagte Brasidas einen Ausfall und fiel den Athenern in die ungeschützte Flanke.

425, als er nach Pylos gezogen war, hatte Kleon noch Einsicht in seine unzureichenden Offiziersqualitäten gehabt und sich darauf beschränkt, den Kriegsplan eines anderen zu exekutieren. Nun aber hatte sein Ehrgeiz, nicht nur als Held von Sphakteria, sondern auch als Held von Amphipolis Nikias an militärischem Prestige zu übertreffen, in ein Fiasko geführt. Die Athener hatten 600 Tote zu beklagen, unter ihnen den unvorsichtigen Feldherrn selbst. Die spartanische Propaganda wollte weismachen, daß auf der Gegenseite nur sieben Mann gefallen waren. Da zu den Gefallenen freilich Brasidas selbst gehörte, bedeutete der Sieg von Amphipolis, daß sich die Friedensfreunde, allen voran der König Pleistoanax, in Sparta definitiv durchsetzen konnten und der kühne, aber einen langen Atem verlangende Plan, Athens Machtbasis in Nordgriechenland zu zerstören, aufgegeben wurde. Am 11. April 421 wurde der in langen Monaten diskutierte Friedensvertrag in Sparta abgeschlossen und fand der «Zehnjährige Krieg», d. h. der Archidamische Krieg, sein Ende. Auf athenischer Seite waren die Friedensverhandlungen vor allem von Nikias betrieben worden, der den posthumen Triumph über seinen Rivalen Kleon genoß und im Frieden auch die Möglichkeit sah, seine eigene Führungsposition zu konservieren und «sein Glück in Sicherheit zu bringen» (Thuk. 5,16,1).

Der Nikias-Frieden und die Sizilienexpedition (421–413)

1. Die mangelnde Umsetzung der Friedensbedingungen

Im sogenannten zweiten Proömium (5,26) vertritt Thukydides sehr energisch die Ansicht, daß der Frieden von 421 keine echte Zäsur darstellte und daß der Krieg zwischen Athen und Sparta mit diesem Frieden nicht wirklich endete. Für diese zunächst sehr persönliche und von seinen Zeitgenossen nicht geteilte Sicht der Dinge kann er durchschlagende Argumente anführen. Wesentliche Punkte des Friedensvertrags von 421 wurden nämlich nicht durchgesetzt und nach einigen hochkomplizierten diplomatischen Verwicklungen kam es zu Stellvertreterkriegen oder sogar wieder zur direkten Konfrontation zwischen Athen und Sparta.

Den Vertragstext des Nikias-Friedens hat Thukydides innerhalb einer der wenig überarbeiteten Passagen seines Geschichtswerks im Original eingefügt. Zunächst waren einige Vereinbarungen im sakralen Bereich getroffen worden (der freie Zugang für alle Griechen zu den panhellenischen Heiligtümern, die meist in der Machtsphäre des Peloponnesischen Bundes lagen; die Autonomie von Delphi). Die eigentlich politischen Regelungen sahen insgesamt einen fünfzig Jahre währenden Frieden zwischen Athen und Sparta einschließlich ihrer jeweiligen Bundesgenossen vor, in dem Meinungsverschiedenheiten durch Schiedsgerichtsverfahren bewältigt werden sollten. Sparta verpflichtete sich ferner, die Eroberungen des Brasidas in Nordgriechenland herauszugeben, allem voran Amphipolis. Ferner sollten die mit Sparta verbündeten Böoter die den Athenern entrissene Grenzfestung Panakton räumen. Im Gegenzug hatten die Athener die kriegsgefangenen Lakedaimonier, besonders natürlich die in Sphakteria ergriffenen spartanischen Vollbürger, freizulassen. Zurückzugeben waren auch Koryphasion (der spartanische Name für Pylos) und die von Nikias eroberte Insel Kythera, darüberhinaus noch kleinere Positionen an der Küste der Peloponnes und Zentralgriechenlands. Insgesamt bedeutete der Vertrag, daß Sparta trotz einiger wohlklingender Beteuerungen zur Autonomie der an Athen zurückgegebenen Städte die Existenz des Seebundes anerkannte. Damit war für Athen das wesentliche von Perikles formulierte Kriegsziel erreicht worden.

Durch Los war bestimmt worden, daß Sparta den Anfang mit der Umsetzung der Friedensbedingungen machen sollte. Aber Klearidas, der spartanische Kommandant in Amphipolis, weigerte sich, die Stadt gegen den Willen ihrer Bewohner den Athenern auszuliefern. Von spartanischer Seite fehlte es an entschiedener Energie, die Bestimmungen des Friedensvertrags durchzusetzen. Zwar wurde Klearidas nach Sparta zitiert, dann aber nur mit dem Auftrag nach Amphipolis zurückgeschickt, mit den peloponnesischen Besatzungstruppen abzuziehen, wenn die direkte Übergabe an Athen scheitern sollte. Diesen Fall hatte man anscheinend schon einkalkuliert. Auch im Falle der Übergabe von Panakton konnten die Spartaner den Widerstand der Böoter lange nicht überwinden und erst nach langer Zeit lediglich durchsetzen, daß diese Festung (im Mai 420) in völlig zerstörtem Zustand an Athen zurückkam.

Auf athenischer Seite waren aufgrund der von Sparta zu verantwortenden Verzögerungen die Friedenbestimmungen ebenfalls nur unvollkommen exekutiert worden. Die Sphakteria-Gefangenen wurden zwar herausgegeben. Das war letztlich in Athens eigenem Interesse, weil auf diese Weise die Friedenspartei in Sparta bestärkt und vergrößert wurde. Aber Pylos wurde nicht ausgeliefert und sollte noch bis 409 im Besitz Athens verbleiben. Immerhin ließen sich die Athener dazu überreden, in Pylos athenische Soldaten zu stationieren, statt der Sparta zutiefst hassenden messenischen Heloten, die sich bis dahin dort aufgehalten hatten. Auf diese Weise war wenigstens garantiert, daß Pylos nicht zum Kristallisationspunkt eines großen Helotenaufstands gegen Sparta werden konnte.

Beide Seiten waren also unmittelbar nach dem Abschluß des Nikias-Friedens trotz der Nichtexekution seiner Bedingungen zum Ausgleich entschlossen. Die Nachsicht der Athener erklärt sich mit den gravierenden Schwierigkeiten, die Sparta mit seinen Bündnern hatte, Schwierigkeiten, die zur Lahmlegung des von Sparta geführten Bundesgenossensystems führten und von denen Athen ohne eigenen Einsatz profitieren konnte. Megara verweigerte dem Nikias-Frieden die Anerkennung, weil sein Hafen Nisaia am Saronischen Golf weiterhin bei Athen verblieb, Korinth, weil keines seiner Ziele zur Wiederherstellung seines alten Kolonialreichs erreicht worden war und es darüber hinaus seine Stützpunkte Sollion und Anaktorion eingebüßt hatte. Elis befand sich wegen des Besitzes von Lepreon im Streit mit Sparta. Die Mantineier versuchten, sich gegen den Willen Spartas als Vormacht in Arkadien durchzusetzen. Schließlich meinten auch die nach dem Sieg vom Delion sehr selbstbewußt gewordenen Böoter, durch den Frieden nicht hinreichend gegen den verhaßten Nachbarn Athen abgesichert zu sein. Für zusätzliche Bewegung sorgte der Umstand, daß der zeitlich (auf dreißig Jahre) befristete Frieden zwischen Sparta und Argos gerade zur Zeit des Nikias-Friedens ablief.

Diese Schwierigkeiten führten zunächst zu einer weiteren Annäherung Spartas an Athen, indem die Lakedaimonier zusätzlich zum Friedensvertrag im Mai 421 einen Bündnisvertrag mit den Athenern abschlossen. Darin verpflichteten sich die beiden Vertragspartner zur gegenseitigen Hilfe im Falle eines Angriffs von Dritten. Das schloß wie in den Zeiten des spartanisch-athenischen Einvernehmens nach den Perserkriegen die Hilfe Athens gegen einen eventuell ausbrechenden Helotenaufstand mit ein. Die enge Anbindung Spartas an Athen vergrößerte die Kluft zwischen Sparta und seinen Bundesgenossen und führte zu einer Serie höchst komplizierter diplomatischer Aktivitäten, die kaum in hinreichender Differenzierung beschrieben werden können: Vorübergehend ergab sich zunächst die Andeutung eines gegen Athen gerichteten Bündnisses von Elis, Mantineia, Korinth und der alten Feindin Spartas, Argos. Wegen der Beteiligung der verdächtigen Demokraten von Argos lehnten der dezidiert oligarchisch orientierte Bundesstaat der Böoter ebenso wie die Megarer einen Anschluß an diese Mittelmachtallianz ab, und auch Korinth, das eigentlich der Hauptinitiator dieser Mittelmachtbewegung war, lavierte und konnte sich zu einer dauerhaften Einbindung in das Viererbündnis nicht durchringen. Als in Sparta wieder jene Kräfte die Oberhand hatten, die den Frieden mit Athen ablehnten, und sich auch andeutete, daß die Schwäche Spartas als Vormacht des Peloponnesischen Bundes nicht andauern würde (Sparta kämpfte erfolgreich in Arkadien), verhärteten sich die Fronten. Die Böoter schlossen im Mai 420 ein Bündnis mit den Spartanern und auch die konservativ-oligarchischen Bündner suchten wieder das Einvernehmen mit Sparta. Dagegen verbanden sich die demokratisch regierten Staaten Argos, Elis und die Mantineier in einer Quadrupelallianz mit Athen. Athen sah sich damit durch Defensivbündnisse verpflichtet, die es sowohl mit Sparta als auch mit den Feinden Spartas geschlossen hatte.

2. Nikias und Alkibiades

Mit seiner Verzögerung bei der Umsetzung der vertraglich festgelegten Friedensbedingungen trug Sparta zweifelsohne eine große Mitverantwortung dafür, daß mit der Quadrupelallianz von 420 de facto der Nikias-Frieden außer Kraft gesetzt worden war. Allerdings hatte Sparta eine Gesandtschaft nach Athen geschickt, um durch neue Garantien und Zugeständnisse den Vertrag mit Argos zu verhindern und das Einvernehmen mit Athen zu retten. Der 420 zum Strategen gewählte Alkibiades konnte aber durch listiges Agieren verhindern, daß diese Gesandtschaft vor der Volksversammlung irgendeine Wirkung entfalten konnte. Mit dem Argos-Bündnis hatte er sein politisches Ziel, den Bruch des Einvernehmens mit Sparta, erreicht. Die objektive Überzeugung, daß der Nikias-Frieden den Interessen Athens nicht entsprach, spielte dabei gewiß eine Rolle. Aber vorrangig ging es ihm doch um die Erreichung seines Ziels, durch das Formulieren einer konträren außenpolitischen Position den Rivalen Nikias auszubooten. Diese Rivalität zwischen dem jungen, ehrgeizigen Aristokraten Alkibiades und dem bedächtigen, hochangesehenen Politiker Nikias sollte auch in den folgenden Jahren die athenische Innenpolitik überschatten und zu außenpolitischen Fehlentscheidungen führen. Diese Einschätzung gilt jedenfalls dann, wenn man der Darstellung des Thukydides Glauben schenken möchte und nicht zur Annahme neigt, Thukydides habe lediglich aus künstlerisch-kompositorischen Gründen die athenische Politik dieser Zeit auf den Konflikt zwischen zwei Persönlichkeiten reduziert.

Alkibiades hatte zunächst mit seiner Peloponnes-Politik, die Athen tief in das unmittelbare Vorfeld Spartas führte, großen Erfolg. 419 zum Strategen wiedergewählt, intervenierte er in Patras und an der Seite der Argiver gegen Epidauros. Im Winter 419/418 hatte zwar der Nikias-Frieden mit Sparta noch Bestand, doch ließ Alkibiades auf der in Athen ausgestellten Stele mit dem Text des Friedens den bezeichnenden Zusatz anbringen, die Lakedaimonier hätten ihren (jährlich zu erneuernden) Eid nicht gehalten. Der ganz manifest gewordene Kriegskurs des Alkibiades erschreckte eine Mehrheit der Athener dann allerdings doch so sehr, daß sie Alkibiades für 418 nicht mehr zum Strategen wählte. Gleichzeitig wollte man sich aber in Athen von der ehrgeizigen, in Konflikte mit Sparta führenden Peloponnespolitik nicht verabschieden. Dieser Widerspruch wurde deutlich, als die Athener 418 Argos zu Hilfe kamen und ein Hoplitenkorps in die Peloponnes schickten. Das Korps wurde zwar von engen Freunden des Nikias geführt, aber von Alkibiades als politischem Bevollmächtigten begleitet. Mit 1000 Mann war das Korps einerseits groß genug, um die Interventionsbereitschaft Athens zu demonstrieren, reichte aber andererseits nicht aus, um eine militärische Entscheidung zugunsten Athens zu erzwingen.

In der Nähe von Mantineia konnte die in Schlachtordnung aufgestellte Armee der verbündeten Staaten Argos, Mantineia und Athen zunächst die unvorbereitete Armee des Spartanerkönigs Agis überraschen. Überlegene Manövrierkunst und überlegene Disziplin, aber auch die Tatsache, daß die Viererkoalition keine ausreichend große Streitkraft mobilisiert hatte, sicherten den Spartanern gleichwohl einen großen und eindeutigen Sieg.

Dieser Sieg verhalf ihnen wieder in den Augen der griechischen Öffentlichkeit zu dem auf Sphakteria verlorengegangenen Prestige zurück, und er erschien – da Athen, Mantineia und Argos demokratisch verfaßt waren – gleichzeitig wie eine Demonstration der mangelnden Leistungsfähigkeit der demokratischen Staatsform. Bald nach dem Sieg der Spartaner setzten sich die oligarchischen Spartafreunde in Argos durch, unterwarfen im November 418 in einem Friedens- und Bündnisvertrag Argos dem Willen Spartas und schafften dort schließlich die Demokratie ab.

Mit der Niederlage von Mantineia war die Argos-Politik des Alkibiades zunächst gescheitert. Trotzdem wurde er im folgenden Jahr (417) gemeinsam mit seinem in der Haltung zu Sparta völlig konträren Rivalen Nikias zum Strategen gewählt. Damit hatten die Strategenwahlen keine Entscheidung über den seit dem Nikias-Frieden so unklaren außenpolitischen Kurs Athens gebracht. Das Patt zwischen den beiden Politikern hätte nun durch eine seit 488/87 in ähnlichen Situationen immer wieder eingesetzte Form eines Volksentscheids aufgehoben werden können, nämlich durch den Ostrakismos (Scherbengericht). Hatte die Volksversammlung in einer ersten Abstimmung die Abhaltung eines Ostrakismos verfügt, konnte in der zweiten, eigentlichen Abstimmung jeder Athener einen Namen auf einer Scherbe verzeichnen. Derjenige, der die meisten Stimmen oberhalb einer Mindestzahl gegen sich vereinigte, ging auf zehn Jahre in ein ehrenhaftes Exil und verschwand für diese Zeit von der politischen Bühne Athens. In der Situation von 417 versagte aber dieses Entscheidungsinstrument, weil die innenpolitische Auseinandersetzung in Athen am Ende des fünften Jahrhunderts anders funktionierte als unmittelbar nach den kleisthenischen Reformen – den entscheidenden Weichenstellungen auf dem Weg zur Demokratie (509) –, und zwar vor allem deswegen, weil diese Auseinandersetzung in einem ungleich höheren Organisationsgrad ausgetragen wurde. Spitzenpolitiker hatten kaum Mühe, durch die Aktivierung der Hetairien, also Gefolgschaftsgruppen, Anhänger in der Volksversammlung zu instruieren und Abstimmungsverhalten in ihrem Sinne zu beeinflussen. Nikias und Alkibiades verständigten sich darauf, die von ihren eigenen und von verbündeten Hetairien (etwa derjenigen des Phaiax) gelenkten Stimmen gemeinsam gegen den demagogischen Politiker Hyperbolos zu richten, der die Abhaltung des Ostrakismos initiiert hatte. Am Ende mußte Hyperbolos im Frühjahr 417 (ein Teil der Forschung plädiert für eine abweichende Datierung des Ostrakismos in das Frühjahr 416) nach Samos in die Verbannung gehen.

So blieb es für die folgenden Jahre beim politischen Unentschieden. Das Prestige des Alkibiades war teilweise dadurch wiederhergestellt, daß sich in Argos die Demokraten in einem blutigen Straßenkampf wieder gegen die Oligarchen durchsetzen konnten (August 417). In der folgenden Zeit mischte sich Alkibiades aktiv in die argivische Innenpolitik ein, um den Kampf gegen Sparta voranzubringen. Einige Quellen (aber nicht Thukydides) schreiben ihm auch die maßgebliche Initiative beim Angriff auf die Südkykladen-Insel Melos zu, die nach einer langen Belagerung der Inselhauptstadt im Winter 416/15 vor Athen kapitulieren mußte und deren Bevölkerung teils getötet, teils versklavt wurde. Für das Vorgehen gegen diese kleine Insel, die im Krieg lange neutral geblieben war und bisher den Anschluß an den Seebund verweigert hatte, gab es außer imperialer Arroganz keinen unmittelbar einsichtigen Grund. Im Dialog zwischen Meliern und athenischen Gesandten, dem sogenannten Melier-Dialog, in dem Thukydides in allgemeiner Form Probleme des Verhältnisses von Macht und Recht in internationalen Beziehungen behandelt hat, wird allerdings wiederholt von den Athenern höhnisch betont, die Melier, die als eine Kolonie Spartas galten, könnten nicht auf die Unterstützung Spartas rechnen. Offenkundig ging es also auch im Fall von Melos darum, Sparta zu provozieren. Es ist daher kaum erstaunlich, daß man nach athenischen Übergriffen, die von Pylos ausgingen, nur noch eine Handbreit vom offenen Krieg entfernt war und die Spartaner bereits im Winter 416/415 den privaten Kaperkrieg gegen Athen freigaben (Thuk. 5,115,2).

3. Die Entsendung der Flotte nach Sizilien im Jahre 415

Die Neigung der Athener, eine Entscheidung zwischen zwei um die Führerschaft rivalisierenden Politikern zu vermeiden und stattdessen die Fähigkeiten beider in Anspruch zu nehmen, führte schließlich mit der großen Sizilienexpedition in eine Katastrophe, die für die athenische Demographie und die militärischen Ressourcen fast dieselben einschneidenden Einwirkungen haben sollte wie die große Pest. Die Expedition nach Sizilien war 415 von der athenischen Volksversammlung beschlossen worden, nachdem die Einwohner der westsizilischen Stadt Segesta 416 ein Hilfeersuchen an Athen gerichtet hatten. Dabei hatten die Segestaner den Athenern die Übernahme der Kriegführungskosten für den Kampf gegen die Nachbarpolis Selinous versprochen und in diesem Zusammenhang ein sehr rosiges Bild ihrer eigenen finanziellen Lage vorgegaukelt. Aber die Versprechen von Segesta hätten allein nicht genügt, um die Athener zur Intervention zu verleiten. Entscheidend war, daß man sich vor allem Erfolge gegen das mit Selinous verbündete Syrakus versprach, der weitaus größten Stadt Siziliens, die wie Athen demokratisch verfaßt war, die aber mit ihren Sympathien auf der Seite Spartas und ihrer Mutterstadt Korinth stand und bei einer aktiven Parteinahme Athen gefährlich werden konnte. Alkibiades verband darüber hinaus mit der kriegerischen Unterwerfung Siziliens ehrgeizige Pläne, deren Realisierung nicht nur Athen zur Herrscherin über die Griechen und den westlichen Mittelmeerraum machen, sondern auch seine persönliche Machtstellung durch privaten Beuteanteil und gewaltigen militärischen Ruhm dauerhaft befestigen sollte.

Die hochfliegenden Pläne, die Thukydides dem Alkibiades zuschreibt, standen anfangs durchaus im Mißverhältnis zum ursprünglich geplanten Umfang der Sizilienunternehmen, der mit einer Entsendung von sechzig Trieren sich noch relativ bescheiden ausnahm. Es waren die taktisch falsch angelegten Versuche des Nikias, in der Auseinandersetzung mit Alkibiades die Athener von der Sizilienexpedition abzubringen, die zu einer völligen

Überdimensionierung des Feldzugs führten. Als nämlich die Volksversammlung ausgerechnet Nikias zusammen mit Alkibiades und dem militärisch befähigten, aber politisch unbedeutenden Lamachos zum bevollmächtigten Feldherrn der Expedition bestimmt hatte, hatten seine Ermahnungen, das Projekt aufzugeben, nicht gefruchtet. Vielmehr hatten die Athener den Argumenten des zur Expedition ratenden Alkibiades den Vorzug gegeben. Um die Athener nun doch noch von der Fahrt nach Sizilien abzubringen, hatte Nikias die Schwierigkeiten des Projekts hervorgehoben und darauf bestanden, den Erfolg des Unternehmens durch umfangreichere Rüstungen zu sichern, indem etwa neben der zu vergrößernden Flotte zusätzliche, auf Transportschiffen mitgeführte Truppen für die Landkriegführung auf Sizilien ausgehoben werden sollten. Aber die «Athener ließen sich von ihrem Verlangen nach dem Feldzug durch die große Last der Rüstung nicht abbringen» (Thuk. 6,24,2). Im Gegenteil: Die von Nikias skizzierten Möglichkeiten, die Schwierigkeiten des Feldzugs organisatorisch in den Griff bekommen zu können, entfachten erst in vollem Umfang die aus verschiedenen Quellen gespeiste imperiale Gier der Athener: «Eine Sucht nach diesem Unternehmen erfaßte in gleicher Weise alle: die Älteren, das zu unterjochen, gegen das sie ausfuhren (...), die in ihren besten Jahren Stehenden aus Sehnsucht, die Ferne zu sehen und betrachten, voll guter Hoffnung, gerettet zu entkommen, der große Haufen aber und die Soldaten in der Erwartung, in unmittelbarer Gegenwart Geld zu verdienen und dann eine Macht zu erwerben, durch die ihnen dauernde Soldzahlung zur Verfügung stehe.» (Thuk. 6,24,3)

Die ausfahrende Streitmacht, die weit entfernt von Athen operieren sollte, war «für hellenische Machtverhältnisse die kostspieligste und stattlichste, die je eine einzige Stadt ausgerüstet hat» (Thuk. 6,31,1). Sie umfaßte einschließlich der Transportschiffe und der von Chios und Methymna gestellten Fahrzeuge 134 großenteils qualitativ hochwertige Trieren mit bestens verpflegten Rudermannschaften. Eine Streitmacht von 5100 athenischen und bundesgenössischen Hopliten begleitete sie, ferner Spezialkorps wie z. B. 400 athenische Bogenschützen.

Abb. 7: Anfertigung einer Herme.
Attische Schale um 520–510 v. Chr.

Der optimistische Elan, der während der Rüstungen geherrscht hatte, war allerdings unmittelbar vor der Ausfahrt durch eine schwere, als fatales Vorzeichen betrachtete Attacke auf die Volksreligion gebrochen worden. Ende Mai 415 waren in einer einzigen Nacht alle Standbilder des Hermes, die in «großer Zahl in den Vorhallen der Privathäuser und Tempel» standen (Thuk. 6,27,1), verstümmelt worden, ein offenkundig systematisch geplanter und zentral gelenkter Akt des Vandalismus. Wer hinter dieser von Hetairien durchgeführten Aktion stand, war völlig unklar. Die Athener vermuteten sofort Feinde der demokratischen Ordnung als Urheber, doch kann der Verdacht nicht von der Hand gewiesen werden, daß letztlich Freunde des Nikias nun auf diese Weise durchzusetzen versuchten, was Nikias in der offenen Auseinandersetzung nicht gelungen war, nämlich die Verhinderung der Sizilienexpedition.

Auch bei einem zweiten religionspolitischen Skandal, der während der Zeit der Flottenrüstung die athenische Öffentlichkeit erschütterte, hatten politische Feinde des Alkibiades, die sich als wahre Vertreter der Volksinteressen zu profilieren suchten, ihre Finger im Spiel: Im aufgeklärten Milieu aristokratischer Bankette, an denen auch Alkibiades teilnahm, hatte man sich anscheinend öfter gestattet, die eigentlich geheimen Mysterien von Eleusis zu parodieren. Politiker wie Androkles sorgten nun dafür, daß diese im Juni 415 angezeigten Verfehlungen gerade vor der Abfahrt der Sizilienflotte dramatisierend aufgebauscht und zum Gegenstand juristischer Untersuchungen gemacht wurden. Auch wenn Alkibiades im Unterschied zu anderen denunzierten Mysterienfrevlern zunächst nicht verhaftet wurde und er sich gegen die Anschuldigungen auch wehrte, schwebte über ihm das Damoklesschwert einer möglichen Strafverfolgung, als er zum Feldzug gegen Sizilien aufbrach.

4. Operationen in Sizilien bis zur Ankunft des Gylippos

Es war in der athenischen Kriegführung fast die Regel, daß Unternehmungen von einer Gruppe von Strategen geführt wurden. Allerdings hatte man 415 mit der Entscheidung, das militärische Kommando unter politischen Rivalen aufzuteilen, die Erfolgsaussichten der Expedition stark beeinträchtigt. Als die Flotte bis an die Straße von Messina gelangt war, traten die Differenzen über die Gesamtstrategie zutage. Die Athener hatten zwischenzeitlich entdecken müssen, daß viele Vorannahmen, von denen man ausgegangen war, nicht zutrafen. Zum einen blieb die Unterstützung unteritalischer griechischer Kolonien völlig aus, zum anderen war offenkundig geworden, daß man sich von den Segestanern hinters Licht hatte führen lassen und daß nur mit 30 Talenten an finanzieller Unterstützung zu rechnen war. Während nun Nikias dafür plädierte, nach einer kurzen Fahrt gegen Selinous und einer Machtdemonstration vor der sizilischen Küste die Rückfahrt anzutreten, trat Lamachos dafür ein, ohne Zeitverlust unmittelbar den eigentlichen Gegner Syrakus anzugreifen. Alkibiades wollte dagegen zunächst vor einem Angriff auf Syrakus in einer diplomatischen Offen-

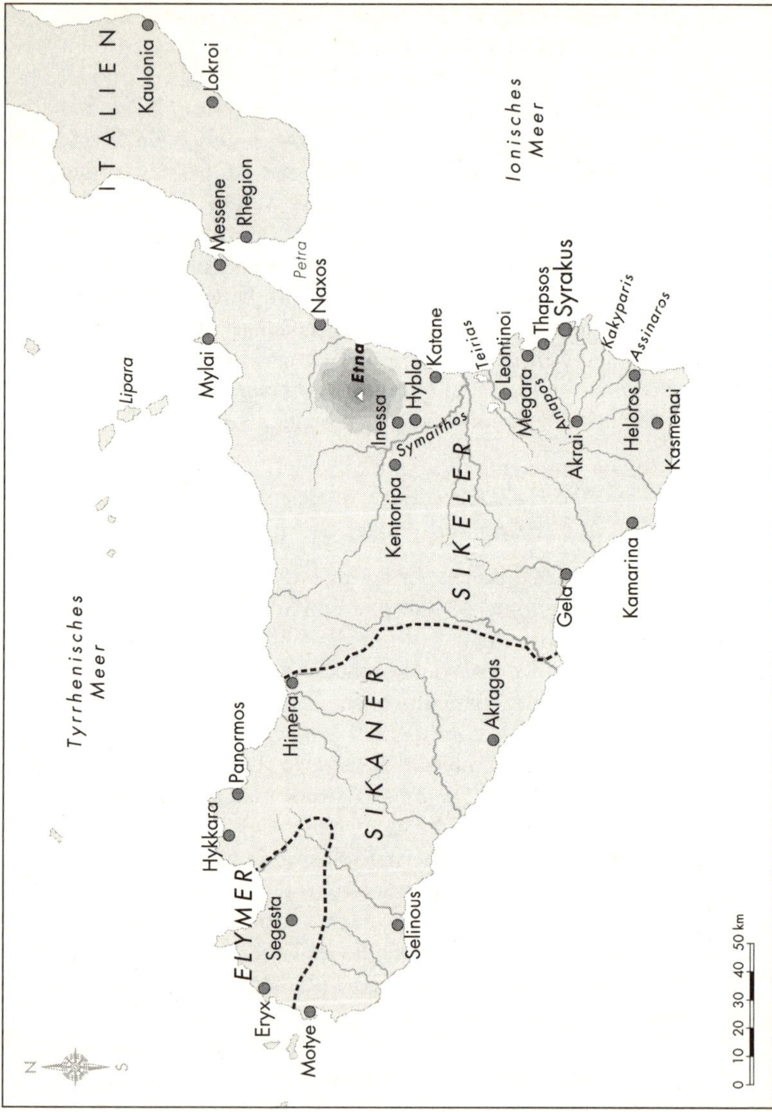

Abb. 8: Sizilien um 415

sive breite Unterstützung unter den sizilischen Polisstaaten gewinnen.

Alkibiades setzte sich mit seinem Plan durch. Außer Naxos, das sich freiwillig anschloß, konnten die Athener zunächst freilich nur Katane durch eine Überrumpelungsaktion auf ihre Seite ziehen. Diese Stadt wurde zum athenischen Lager ausgebaut, und man unternahm von dort eine erste Fahrt, die bis nach Kamarina und vor allem vor Syrakus führte. Damit waren die Aktivitäten des Alkibiades in Sizilien bereits beendet. In das Lager von Katane zurückgekehrt, erhielt er die Aufforderung, sich nach Athen zu begeben, um sich wegen seiner angeblichen Beteiligung am Mysterienfrevel vor Gericht zu verantworten (September 415). Unmittelbar nach der Abfahrt der Flotte war nämlich die Aufregung um die für die eigentlichen Belange Athens wenig relevanten Frevel von interessierter Seite künstlich weiter am Leben gehalten worden, und es überschlugen sich Denunziationen und Anklagen. Einer der konservativen Gegenspieler des Alkibiades, der sich mit radikaldemokratischen Politikern in der Feindschaft gegen Alkibiades einig war, nämlich Thessalos, der Sohn Kimons, hatte mit einer Denunziation (Eisangelia) wegen verletzter Staatsinteressen das übliche, zur Aburteilung mißliebiger Strategen verwendete Verfahren gegen ihn eingeleitet. Alkibiades entzog sich freilich dem Prozeß, indem er den athenischen Aufsehern in Thurioi entkam und schließlich in Sparta Aufnahme fand.

Nikias war auf diese Weise seinen innenpolitischen Konkurrenten losgeworden und konnte nun den Krieg nach seinen Vorstellungen führen. Seiner Ansicht nach wurden militärische Kampagnen durch überlegene Organisation und durch den Vorsprung an materiellen Ressourcen entschieden. So fuhr er vor der Winterpause noch nach Segesta, eroberte Hykkara und erwirtschaftete, indem er die Bevölkerung dieser Stadt in die Sklaverei verkaufte, einen Profit von 120 Talenten. Dem Gesamtziel des Unternehmens, der Unterwerfung von Syrakus, dienten aber diese Aktionen letztlich nicht. Erst im November griffen die Athener Syrakus an, aber sie blieben nicht vor der Stadt, sondern zogen sich für den Winter in das Lager von Ka-

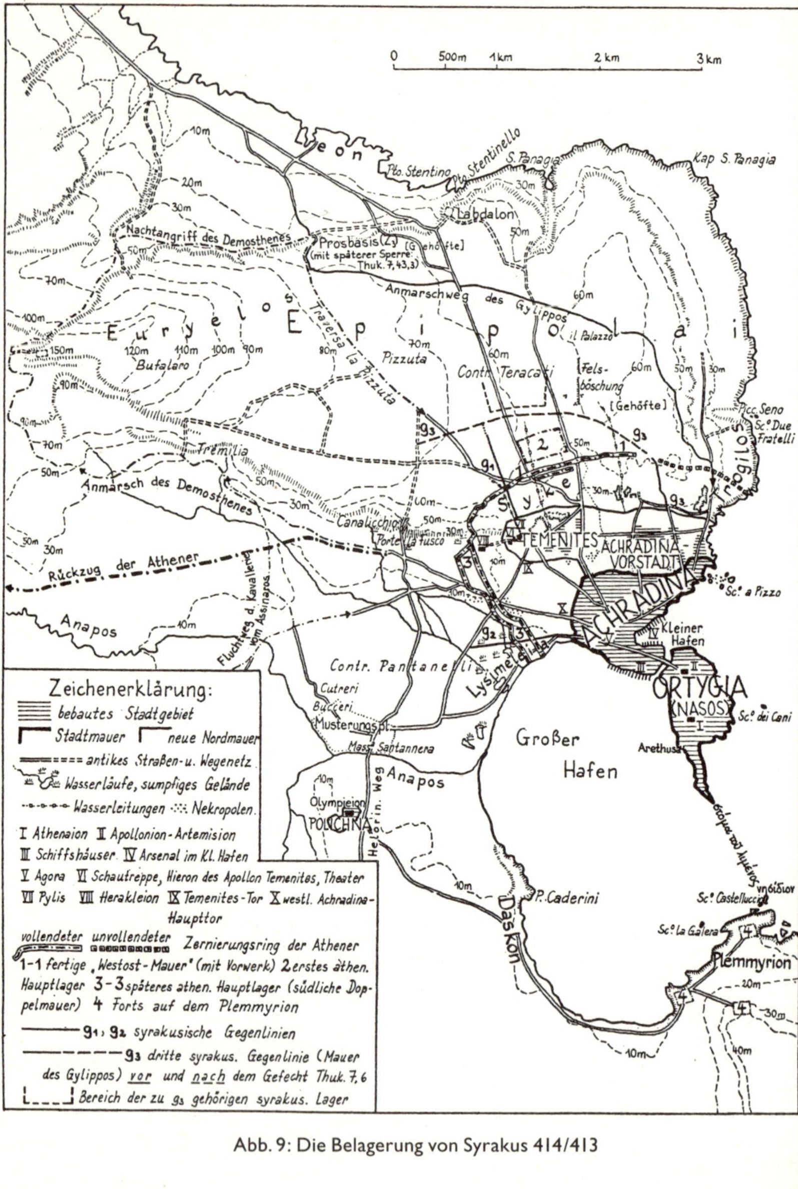

Abb. 9: Die Belagerung von Syrakus 414/413

tane zurück. Den Syrakusanern war damit die Möglichkeit gegeben, sich umfassend auf den für das kommende Frühjahr bevorstehenden Angriff vorzubereiten, ihre Befestigungen zu verbessern, ihre Kommandostrukturen zu straffen (die Zahl von 15 Strategen wurde auf drei reduziert) und nach Verbündeten zu suchen.

Im Frühjahr 414 verzögerte sich der athenische Feldzug um weitere wertvolle Wochen, bis neue, von Nikias erbetene Reiter aus Athen eingetroffen waren. Den Angriff auf Syrakus führte Nikias dann aber bravourös durch. Im Schutze der Dunkelheit landeten die athenischen Truppen bei Leon und wurden im Eilmarsch auf das Hochplateau Epipolai nördlich von Syrakus geführt. In den nächsten Tagen errichteten die Athener ein großes Rundlager auf Syke, und zwar an der Mauer, die die Syrakusaner als zusätzliche Anlage nördlich der alten Stadtmauer im Winter 415/414 errichtet hatten. Die Intention der Athener entsprach den Usancen damaliger Belagerungskriege. Man wollte, vom Rundlager ausgehend, die Stadt durch Mauern einschließen und aushungern.

Die Syrakusaner konterten, indem sie westlich vom athenischen Rundlager eine Quermauer errichteten, die die Ausführung der Einschließungsmauer unmöglich machen mußte. Diese Mauer wurde von den Athenern während einer Mittagspause, in der die syrakusanischen Truppen unaufmerksam waren, zerstört. Um eine zweite, diesmal aus einfachen Palisaden ausgeführte Gegenmauer tobte eine heftige Schlacht, in der Lamachos von syrakusanischen Reitern getötet wurde und in der Nikias mit knapper Not das Rundfort rettete. Die Einschließungsarbeiten konnten fortgeführt werden, und zwar mit einer Doppelmauer, die westlich von Achradina, dem festländischen Stadtteil von Syrakus, durch Ebene und Sumpf gezogen wurde. Während der Kämpfe hatte sich die athenische Flotte von ihrem Ankerplatz Thasos in den Großen Hafen von Syrakus begeben und fortan die maritime Versorgung völlig blockiert. Die Aushungerung von Syrakus schien nur noch eine Frage der Zeit zu sein, und es wurde in der fast eingeschlossenen Stadt bereits über die Aufnahme von Friedensverhandlungen diskutiert.

In Sparta hatte man die Situation in Sizilien beobachtet und, auch auf den Rat des Alkibiades hin, sich zur Intervention entschlossen. Die kleine peloponnesische Flotte, die Gylippos im Juni 414 von Leukas nach Italien geführt hatte, wurde von Nikias nicht als Bedrohung empfunden und ihre Überfahrt über die Straße von Messina nicht verhindert. Das sollte sich als Fehler erweisen. Gylippos sammelte an der Nordküste Siziliens (in Himera) eine Landstreitmacht aus sizilischen Kontingenten und stieß mit dieser überraschend nach Syrakus vor. Das Fort, das die Athener in Labdalon errichtet hatten, wurde erstürmt, die nördliche Hälfte der Hochebene Epipolai den Athenern entrissen. Nach einer zweiten Schlacht konnte Gylippos durch die Errichtung einer Quermauer die Vollendung des athenischen Belagerungsringes (vom Westen zum Kap Trogilos und zum Meer) definitiv verhindern.

5. Die Katastrophe: Syrakus 413

Mit der Unterbrechung des Belagerungsringes gab es für die Athener keine Möglichkeit mehr, das syrakusanische Unternehmen zu einem erfolgreichen Abschluß zu führen. Allmählich büßte die athenische Flotte, deren Lager nach Plemmyrion an der Hafeneinfahrt verlegt worden war, ihre Manövrierfähigkeit ein, beispielsweise dadurch, daß die Schiffe zu lange im Wasser lagen. Nikias erkannte durchaus die Aussichtslosigkeit der Lage, bestand aber in den an die athenische Volksversammlung gerichteten Erklärungen nicht deutlich genug darauf, sofort abzuziehen. Vielmehr wies er in diesen Erklärungen als Alternative zum Abzug, den er eigentlich anstrebte, zögerlich auch auf die Möglichkeit hin, die vor Syrakus eingesetzten militärischen Mittel zu verdoppeln. Genau diesen Vorschlag griffen die Athener auf, indem sie eine Streitmacht von insgesamt 73 (eigenen und bundesgenössischen) Trieren und 5000 Hopliten unter der Führung des Demosthenes nach Syrakus schickten. Thukydides hält diese Entsendung einer neuen Streitmacht in einer Situation, die im Mutterland und – nach der Besetzung von Dekeleia

– in Attika selbst äußerst kritisch geworden war, für eine Manifestation der herausragenden Energie (*dynamis*) der Athener. Sie erweist die Athener freilich auch als unbelehrbare Spielernaturen, die ihre letzten Reserven einsetzten, um eine eigentlich verlorene Sache doch noch zu retten.

Die Nachricht von der Ankunft einer neuen athenischen Flotte veranlaßte Gylippos die (inzwischen vom Plemmyrion in ihre alte Stellung bei der Doppelmauer am Sumpf zurückgedrängte) Flotte des Nikias anzugreifen, bevor die Unterstützung eintraf. Die sizilischen Trieren waren umgebaut worden, um im engen Hafen besser operieren und die attischen Schiffe im Frontalkampf angreifen zu können. Dazu hatte man die Vorderteile verstärkt und mit dickeren Epotiden – den seitlich über dem Bug herausragenden Querbalken – versehen. Nach anfänglichen Mißerfolgen gelang es den Syrakusanern, die athenische Flotte schwer zu beschädigen. Die Ankunft des Demosthenes (im Juli 413) konnte das Blatt nicht wenden. Der Plan des Demosthenes, durch einen nächtlichen Angriff an der Nordseite des Euryalos die Hochebene oberhalb von Syrakus einzunehmen, wurde zum Fiasko. Das Unternehmen endete in völliger Verwirrung und mit einer ungeordneten Flucht über die steilen Abhänge, die der athenischen Seite 2000 bis 2500 Männer kostete (Anfang August).

In dieser Situation riet Demosthenes zum sofortigen Abzug. Dagegen sperrte sich Nikias. Er wollte erst eine explizite Entscheidung der Volksversammlung in Athen einholen, um nicht nach seiner Rückkehr wegen Vernachlässigung der Volksinteressen (*prodosia*) angeklagt zu werden. Erst nach zwanzig Tagen der Untätigkeit war auch er bereit abzumarschieren, verschob aber wegen der als unheilvoll gedeuteten Mondfinsternis vom 27. August 413 den Abzug abermals um einige Tage. Diese erneute Verzögerung infolge der Rücksichtnahme auf Vorstellungen der Volksreligion, die Nikias anscheinend selbst teilte, sollte sich als fatal erweisen. In der Zwischenzeit hatte Gylippos Truppen zusammengezogen und den Angriff vorbereitet. Mit 76 eigenen Schiffen griff er die 86 athenischen Schiffe an, die in sehr ungünstiger Enge kämpfen mußten und die beim Versuch, im *periplous*-Manöver mit ihrer rechten Seite die Syrakusaner zu überflügeln, zu sehr in Landnähe gerieten. Nach der Niederlage der athenischen Flotte, die schwere Verluste hinnehmen und zu ihrer alten Stellung zurückfahren mußte, wurde die Ausfahrt des Großen Hafens mit verankerten, quergestellten Schiffen versperrt.

Wollte man noch auf dem Seeweg nach Athen zurückkehren, blieb nur der gewaltsame Durchbruch. Da die gewohnte Manövrierfähigkeit im Seekampf verloren gegangen war, wollte man auf athenischer Seite nun mit den altertümlichen Mitteln des infanteristischen Nahkampfes an Deck reüssieren. Aus diesem Grund baute man Vorrichtungen, um die feindlichen Schiffe mit eisernen Haken festzuhalten und entern zu können. Auf der syrakusanischen Seite hatte man von diesen Maßnahmen erfahren und aus diesem Grund Bug und Wände der Schiffe mit Leder überzogen. Beim Versuch, im Angriff die Sperren zu überwinden, prallten die Enterhaken der Athener effektlos an den syrakusanischen Schiffen ab. Nachdem die Athener auch hier gescheitert waren, blieb ihnen nur noch die Option, über Land abzuziehen. Aufgrund einer gezielt gestreuten Falschmeldung – die *pseudangelia*, die Weitergabe falscher Informationen gehörte zu den probaten Mitteln griechischer Kriegführung –, die Straßen seien besetzt, brach man nicht noch in der Nacht nach dem gescheiterten Durchbruchsversuch auf, sondern wartete zu lange ab, bis die Syrakusaner tatsächlich alles vorbereitet hatten, um die Athener auf ihrer Flucht abzufangen. Nach drei Tagen erfolgte der Abmarsch der insgesamt immerhin noch 40 000 Athener und Bundesgenossen. Nikias führte ein erstes Aufgebot, die Nachhut folgte unter Demosthenes. Daß die zahlreichen Kranken und Verwundeten im Lager zurückgelassen werden mußten, belastete die abziehende Armee psychologisch schwer: «Indem sie sich aufs Flehen und Klagen verlegten, versetzten sie (die Kranken und Verwundeten) alle in Ratlosigkeit, wenn sie baten, mitgenommen zu werden, und jeden Einzelnen anriefen, wo sie gerade einen ihrer Gefährten oder Verwandten sahen, und sich an Zeltgenossen, die schon weggingen, anklammerten und ihnen folgten, so weit sie es vermochten.» (Thuk. 7,75,4)

Die abziehende Truppe konnte am ersten Tag noch ungefähr 8 km zurücklegen, in den folgenden Tagen wurde die zurückgelegte Strecke infolge der syrakusanischen Überfälle immer geringer. Ursprünglich hatte man geplant, Katane zu erreichen, schlug aber dann abseits der bekannten Routen den Weg nach Süden ein. Die Einheit des Demosthenes geriet dabei immer mehr ins Hintertreffen und mußte schließlich kapitulieren. Wenig später wurde die Truppe des Nikias gestellt, als bei der Überschreitung des Flusses Asinaros die halbverdursteten Soldaten sich auf das Wasser gestürzt hatten und jegliche Ordnung aufgelöst war. Nach dem Gemetzel, das die Syrakusaner anrichteten, ergab sich schließlich auch Nikias dem Gylippos, der die Hoffnung hatte, beide gefangengenommenen athenischen Feldherren triumphierend nach Sparta zu führen. Gegen den Willen des Gylippos ließen die Syrakusaner allerdings Nikias und Demosthenes hinrichten. Die gefangenen Athener wurden in die offenen Steinbrüche bei Syrakus gesperrt, wo sie unter katastrophalen hygienischen Bedingungen und mit minimaler Verpflegung der Hitze und später den kühlen Herbstnächten schutzlos ausgeliefert waren. Nur wenige Athener waren entkommen, wie etwa Kallistratos, der sich mit seinen Reitern nach Katane durchschlug (Pausanias 7,16,5). Alles in allem kostete die Sizilienkatastrophe etwa 45 000 Athenern und Bundesgenossen das Leben. Allein die Pest hatte einen größeren demographischen Einschnitt bedeutet.

Der Dekeleische Krieg
(413–404)

1. Der Abfall der Bundesgenossen und der oligarchische Umsturz von 411

Bereits vor dem katastrophalen Ausgang der Sizilienexpedition hatten die Kämpfe im Mutterland wieder begonnen. 414 hatte Athen unvorsichtigerweise eine Peloponnes-Expedition unternommen, in der es Argos gegen einen spartanischen Angriff zu Hilfe gekommen war und dabei auch spartanisches Territorium verwüstet hatte. Damit hatte es den Spartanern einen Grund geliefert, völkerrechtlich korrekt den Bruch des Nikias-Friedens zu konstatieren. Im Frühjahr 413 fielen die Spartaner in Attika ein, verließen es aber, anders als bei ihren Einfällen im Archidamischen Krieg, nicht mehr, sondern befestigten den nördlich von Athen gelegenen Ort Dekeleia. Durch diese Festung, von der aus die Peloponnesier ständig Ausfälle machen konnten, war der Krieg für die Athener wesentlich belastender geworden und bestimmte als «totaler Krieg» ihren Alltag. Ständig mußte auf den Stadtmauern selbst patrouilliert werden, und man konnte die Stadt zu keiner Jahreszeit mehr sicher verlassen. Landwirtschaft wurde unmöglich; der für den Transport von Lebensmitteln aus Euböa wichtige Weg über Oropos in die Stadt war versperrt. Stattdessen mußten die Lebensmittel durch den kostspieligen Einsatz von Transportschiffen den langen Weg um Kap Sounion zum Piräus gebracht werden. Die Wirtschaftsordnung Athens wurde nachhaltig gestört, weil entlaufene Sklaven nun ohne weiteres Zuflucht beim Feind finden konnten.

Kriegsentscheidend waren aber gleichwohl nicht die Ereignisse in Attika, sondern jene vor der Küste Ioniens und an den Meerengen. Sparta hatte nach der Niederlage Athens vor Syrakus nun die Möglichkeit, mit großen Flotten in der Ägäis zu operieren. Neben den peloponnesischen Aufgeboten kamen die der früheren Bündner Athens hinzu: Angesichts der Veränderungen der politischen Großwetterlage genügte 412 bereits ein kleines spartanisches Geschwader unter der Führung des Chalkideus und des ihn begleitenden Exulanten Alkibiades, um zahlreiche Städte an der ionischen Küste zum Abfall von ihrem einstigen Hegemon Athen zu bewegen, allen voran Milet und Chios, daneben aber auch Teos und Erythrai. Ephesos hatte schon vorher den Seebund verlassen. Rhodos mit seinen drei, bald zu einem Gemeinwesen verbundenen Städten sollte im Januar 411 folgen. Wenig später büßte Athen auch wichtige Positionen an den Meerengen ein: Abydos (Mai 411) und dann sogar Byzanz, Kalchedon und Kyzikos (August 411).

Allerdings war der Widerstand, den die Athener gegen die Zerstörung ihres Herrschaftsbereichs leisteten, trotz der schweren Verluste in der Sizilienexpedition erstaunlich zäh, wie es überhaupt falsch ist, den Kampf, den die Athener im Dekeleischen Krieg führten, zum eigentlich überflüssigen Nachspiel einer schon längst feststehenden Entscheidung zu erklären. Mittels der eisernen Reserve, nämlich den 1000 Talenten, die im Parthenon hinterlegt waren, hatten die Athener ein letztes Flottenaufgebot rekrutiert. Dieses Aufgebot operierte von der Basis Samos aus (die trotz innerer Konflikte bei Athen verblieben war), gegenüber von Milet, wo die spartanische Flotte ihren Hauptstützpunkt hatte. Völlig erfolglos war die athenische Flotte mit dem sie begleitenden Hoplitenaufgebot nicht. Insbesondere konnten sich die Athener auf der wichtigen Insel Chios festsetzen, im Kampf den dortigen spartanischen Harmosten (Kommandeur) Pedaritos töten und die Gewässer um Chios blockieren. Erst nachdem der Spartaner Derkylidas von Ionien aus auf dem Landweg den Hellespont erreicht hatte, mußten die Athener mit einem Teil ihrer Flotte im Meerengengebiet eingreifen und die Blockade von Chios aufgeben.

In dieser kritischen Situation, in der die Flotte die rapide voranschreitende Auflösung des Seebundes aufzuhalten suchte, wurde in Athen die Demokratie gestürzt (Mai 411). Verbitterung über das demokratische System herrschte in den begüterten Kreisen schon lange. Insbesondere ertrug man es dort nur

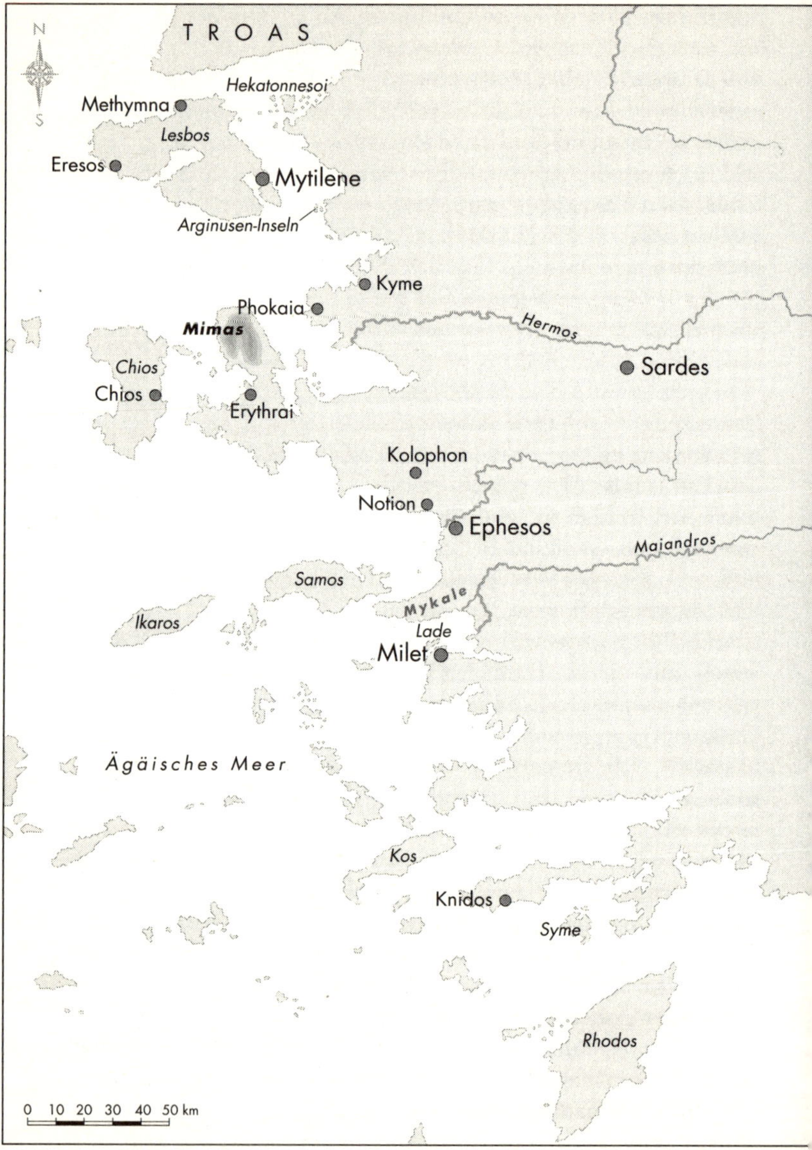
N
S
TROAS
Hekatonnesoi
Methymna
Lesbos
Eresos
Mytilene
Arginusen-Inseln
Kyme
Phokaia
Mimas
Hermos
Sardes
Chios
Chios
Erythrai
Kolophon
Notion
Ephesos
Maiandros
Samos
Mykale
Ikaros
Lade
Milet
Ägäisches Meer
Kos
Knidos
Syme
Rhodos
0 10 20 30 40 50 km

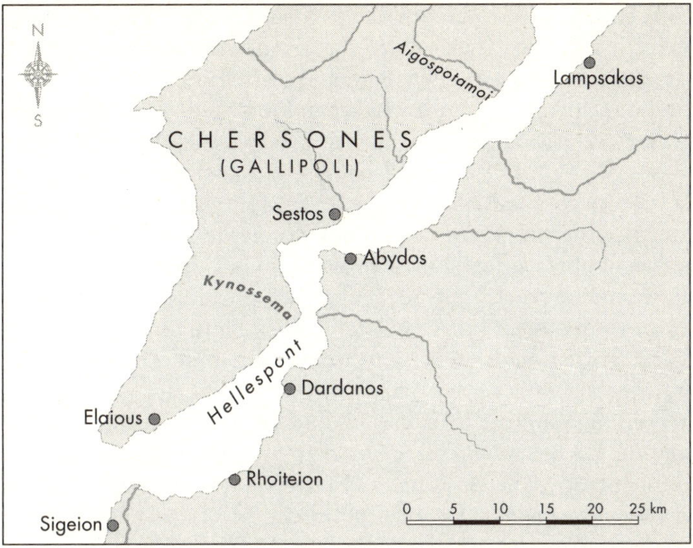

Abb. 10: Hellespont (rechts) und Ionien im Dekeleischen Krieg

schwer, daß man auf der einen Seite für die Macht Athens sich in herausragender Weise durch Leistungen wie die Trierarchie – der Ausrüstung von Kriegsschiffen aus privaten Mitteln – und Sondersteuern (Eisphora) einsetzen mußte, daß aber der Profit der athenischen Machtpolitik auch den ärmeren Kreisen zugute kam. Solange man sich im Erfolg sonnte, waren die Gegensätze dadurch gemildert worden, daß letztlich jede soziale Klasse auf ihre Kosten kam und von der Seeherrschaft profitierte. Die bitteren Verluste der Sizilienexpedition und der Abfall zahlreicher Bundesgenossen gaben aber den seit jeher in der Elite gehegten Vorbehalten gegen die Demokratie und ihr Gleichheitspostulat neuen Auftrieb. Von oligarchisch gesinnten Geheimbünden (Hetairien) war seit der Sizilienexpedition immer wieder nach Mitteln und Wegen zum Umsturz gesucht worden. Die Gelegenheit bot sich im Zusammenhang mit hochkomplizierten und intriganten Verhandlungen zwischen Alkibiades und der Flotte auf Samos.

Während seines Aufenthaltes in Sparta hatte Alkibiades Gelegenheit gefunden, sich zahlreiche Feinde zu machen, unter anderem den spartanischen König Agis selbst. Nachdem seine Stellung auch bei der spartanischen Flotte unhaltbar geworden war, floh Alkibiades zum Perser Tissaphernes, dem Satrapen von Lydien und Oberbefehlshaber (Karanos) der in Kleinasien stationierten persischen Truppen. Tissaphernes, selbst ein Meister der Intrige, nahm den Alkibiades gerne auf. Das hing mit seiner ambivalenten Einstellung gegenüber Sparta zusammen. In der neuen, durch die Sizilienkatastrophe geschaffenen Situation, in der Athen den Großteil seiner Flottenmacht verloren hatte, hatten die Perser zwar ihre zuvor geübte Zurückhaltung aufgegeben und waren bereit, in den Kampf der griechischen Hegemonialmächte einzugreifen und die Spartaner mit Zahlungen für die Besoldung ihrer Flotte zu unterstützen. Aber davon, daß mit der Übereinkunft zwischen Sparta und den Persern bereits ab 412/411 der «weltpolitische Mechanismus» (Heuss) gegen Athen entschieden hätte, kann nicht die Rede sein. Denn von persischer Seite erfolgten diese Zahlungen zunächst nur sehr zögerlich, so wie umgekehrt die führenden Spartaner untereinander völlig darüber zerstritten waren, zu welchen Bedingungen sie Hilfe von den Persern annehmen sollten. Denn es war für die Spartaner mit ihrem Anspruch, die Freiheit und Autonomie der griechischen Polisstaaten gegen die Knechtung durch Athen zu verteidigen, ein grundsätzliches Problem, sich mit einer Macht zu verbinden, die ihre Herrschaft über die ionischen Griechen (und sogar darüber hinaus) wieder aufbauen wollte. Zwar wurden zunächst vom Spartaner Chalkideus, dann von Therimenes Vereinbarungen mit dem Großkönig getroffen. Aber besonders der zweite Vertrag wurde wegen zu weitreichender Konzessionen und offener Verstöße gegen das Freiheitsideal von spartanischer Seite heftig diskutiert, bis man später auf Einladung des Tissaphernes einen dritten Vertrag mit den Persern schließen sollte (Thuk. 8,58).

Einmal am Satrapenhof von Sardeis eingetroffen, bestärkte Alkibiades den Tissaphernes darin, daß es für die Sache der Perser und des Tissaphernes selbst am besten sei, wenn man dafür sorge, daß keine der kriegführenden Mächte die Oberhand gewänne. Die Präsenz des Alkibiades am Satrapenhof genügte bereits, um bei den Athenern große Hoffnungen zu wecken, die eigene bedrohliche Lage zu verbessern. Man glaubte – und Alkibiades tat alles, um diesen Eindruck zu unterstützen –, daß er besonders einflußreich sei und daß es ihm möglich sein werde, die persischen Geldmittel, die bisher in sparsamer Form für die spartanische Flotte aufgewendet worden waren, den Athenern zukommen zu lassen. In Geheimkontakten machte Alkibiades, der mit der radikalen Demokratie seine bitteren Erfahrungen gemacht hatte, dabei den in der Flotte dienstleistenden Angehörigen der begüterteren Kreise freilich klar, daß diese Unterstützung bei den Persern nur zum Preis eines Systemwechsels, nämlich der Abschaffung der demokratischen Verfassungsordnung, zu haben sei.

Dieser Systemwechsel wurde sowohl in Samos als auch in der Stadt Athen selbst vorbereitet. Das ursprüngliche Ziel dieser Planungen – die Unterstützung durch Alkibiades und die Perser zu gewinnen – war schnell vergessen, und der Verfassungsumsturz wurde zum Selbstzweck, nachdem die Verschwörer beschlossen hatten, Alkibiades ganz außen vor zu lassen und nur auf eigene Rechnung zu arbeiten. Der oligarchische Coup reüssierte freilich allein in der Stadt Athen. Durch Morde an prominenten Volksführern wie Androkles schufen die Hetairien zunächst ein Klima des Terrors und der Unsicherheit unter den aktivsten Verteidigern des demokratischen Systems. Gleichzeitig wurde eine Diskussion über institutionelle Verbesserungen intensiviert, die die Demokratie angeblich für die Kriegführung leistungsfähiger machen sollten. Solche Verbesserungen hatte es bereits unmittelbar nach dem Scheitern der Sizilienexpedition gegeben, als man zehn Probouloi (Vorberater) eingesetzt hatte, die permanent die Entscheidungsfindung der Volksversammlung leiten und dazu beitragen sollten, überstürzte Beschlüsse zu vermeiden. Kernpunkte der neuen Reformforderungen waren die Beschränkung der Zulassung zur Volksversammlung auf diejenigen, die durch Steuerkraft und Hoplitendienst am meisten für den Staat leisteten und die in einer Idealzahl auf 5000 beziffert wurden, sowie die Abschaffung von Diätenzahlungen, die es bisher auch den Armen erlaubt hatten, politische Ämter zu bekleiden. Unter dem Vorwand, eine gemäßigt oligarchische Verfassung mit Mindestzensus vorzubereiten, stimmte das eingeschüchterte Volk schließlich der Einsetzung eines Rats der Vierhundert zu, der rasch aus demokratiefeindlichen Mitgliedern der Hetairien kooptiert wurde. Die Herrschaft dieses Rates, der sofort eine Reihe von institutionellen Veränderungen initiierte, kann als Beispiel einer Kollektivtyrannis, einer *dynasteia*, gelten.

Die Terrorherrschaft der Vierhundert blieb ein nur einige Monate dauerndes Zwischenspiel (Sommer/Herbst 411). Die Hoffnungen der Oligarchen, daß ein nicht-demokratisches Athen schneller Frieden mit Sparta schließen und dadurch seine Lage stabilisieren könne, erwiesen sich als illusorisch. Es war den Oligarchen aber auch nicht möglich, den Krieg fortzuführen, da ihre Macht kaum über Attika hinausreichte und ihnen für die Seekriegführung der Zugriff auf Seebund und Flotte fehlte. Schon am Anfang des Putsches waren bei Athen verbliebene Bundesgenossen wie Thasos nicht für das oligarchische System gewonnen worden, sondern zogen es vor, gleich auf die spartanische Seite zu wechseln. Auch die Übernahme der Flotte war nicht gelungen. Zwar hatte man in Samos alles für den Umsturz vorbereitet, aber das Vorhaben scheiterte und die Flotte blieb unter ihren selbst gewählten Führern Thrasyboulos und Thrasyllos demokratisch gesinnt. Die Versammlung der Matrosen auf Samos betrachtete sich sogar als die einzig legitime Volksversammlung und wählte schließlich Alkibiades, den Thrasyboulos vom Hof von Sardeis in das athenische Flottenlager geführt hatte, zu ihrem Strategen, der die Richtlinien der Kriegführung festsetzen sollte. Er brachte die wütenden Flottenmannschaften mit äußerster Mühe davon ab, gegen Athen zu fahren – eine solche Fahrt hätte den definitiven Verlust des Seereichs und die sichere Niederlage bedeutet. Aber auch ohne offenen Bürgerkrieg hatte die demokratische Bewegung allein schon durch die Wahl des Alkibiades sich definitiv zur militärisch starken und handlungsfähigen Gegenregierung konstituiert.

In ihrer ausweglosen Situation blieben den Vierhundert nur zwei Optionen. Entweder es gelang – wie es die gemäßigtere Fraktion der Vierhundert unter der Führung des Theramenes wollte – das enge oligarchische Regime zu öffnen und mit Alkibiades zusammenzuarbeiten, oder man lieferte – das war die Politik der radikalen Oligarchen – Athen an Sparta aus, um die Rückkehr zur ungeliebten Demokratie zu verhindern und die eigene kollektive Tyrannis zu retten. Der Richtungsstreit eskalierte fast zum offenen Bürgerkrieg, als die radikalen Oligarchen mit der Auslieferung Athens an Sparta ernst machen wollten. Gewalttätige Handgreiflichkeiten zwischen Oligarchen und Hopliten, die für eine Öffnung des Systems kämpften, waren nur mit Mühe unterbunden worden, als eine spartanische Flotte im Saronischen Golf aufkreuzte und das gesamte Bürgeraufgebot zum Piräus eilen mußte. Die Spartaner fuhren zwar anschließend nach Euböa weiter, aber die Tatsache, daß nun auch diese versorgungstechnisch äußerst wichtige, große, vorgelagerte Insel für Athen verlorenging, war eine Katastrophe, die mit dem Verlust der Flotte in Sizilien fast vergleichbar war. Die führungsunfähige und völlig desavouierte Oligarchie wurde abgeschafft (September 411). Die unterlegenen Radikalen flohen nach Dekeleia zum spartanischen Feind. Einigen, die in Athen verblieben waren, wurde unter maßgeblicher Beteiligung des gewendeten Theramenes der Prozeß gemacht, insbesondere dem Chefideologen Antiphon. Sogar vor der Kuriosität eines posthumen Prozesses gegen den in den Wirren umgebrachten oligarchischen Anführer Phrynichos schreckte man nicht zurück.

An Stelle der radikalen Oligarchie trat die sogenannte Verfassung der 5000 in Kraft, die in der Theorie vor allem dadurch definiert war, daß nur wohlhabende Bürger mit einem Mindestvermögen (dem Hoplitenzensus, den man benötigte, um selbst eine Vollrüstung zu finanzieren) das aktive Bürgerrecht erhielten und an der Ekklesia (Volksversammlung) teilnehmen durften. In der zerstörten athenischen Volkswirtschaft waren freilich diese ökonomisch definierten Kriterien für den Zugang zur Volksversammlung völlig unklar. Auch sorgten die miteinander rivalisierenden führenden Politiker des neuen Regimes dafür, daß möglichst jeder potentielle Anhänger zur Volksversammlung zugelassen wurde, so daß statt 5000 schließlich ungefähr 9000 Athener auf die Liste der Aktivbürger gesetzt wurden. Damit waren die Unterschiede zur vollen Demokratie nur noch gradueller Natur. Irgendwann im ersten Halbjahr 410 war die alte Demokratie im gewohnten Umfang wiederhergestellt. Mit neuen, pathetisch formulierten Staatsschutzgesetzen (insbesondere dem Demophantos-Psephisma) wurde versucht, für die Zukunft verschwörerische Umstürze auszuschließen. Die antityrannische und antioligarchische Rhetorik dieser Zeit schuf ein Klima scharfer innenpolitischer Spannung. Dazu trugen auch teuere Unterstützungszahlungen wie die Diobelie (eine tägliche Zahlung von zwei winzigen Silbermünzen, den Obolen) bei, die die kriegsbedingte Not breiterer Bevölkerungskreise einschränken sollte, aber letztlich von den Reichen zu finanzieren war. Trotz der inneren Gegensätze waren aber alle Athener wieder durch das gemeinsame Ziel verbunden, die verlorenen Teile des Reiches zurückzugewinnen.

2. Alkibiades im Hellespont und die restaurierte Demokratie (411–408)

Der Wiederaufstieg Athens nach 411 und die erbitterte Fortführung des Krieges gehört zu den «paradoxen», also unerwarteten Wechselfällen, die nach Thukydides eine weitere Besonderheit des Peloponnesischen Krieges ausmachen. Spätestens als sich die Athener mit dem oligarchischen Umsturz von 411 auch noch untereinander bekämpften, hätte der Krieg nach menschlichem Ermessen enden müssen. Daß es anders kam und der Krieg noch sieben ereignisreiche Jahre dauern konnte, ist nicht nur, aber doch in der Hauptsache mit Alkibiades verbunden, der ab 411 die strategische Führung der Flottenoperationen übernommen hatte und insbesondere im Meerengengebiet erfolgreich war.

Dort hatte sich die Situation für Athen zunächst entscheidend verschlechtert, als es dem spartanischen Admiral Mindaros gelungen war, mit einer großen Flotte in den Hellespont einzufahren. Damit drohte für Athen die Gefahr, von der überlebensnotwendigen Zufuhr von Getreide aus Südrußland völlig abgeschnitten zu werden. Gleich zweimal konnten die Athener zwar die spartanische Flotte im Hellespontgebiet schlagen, nämlich zunächst bei Kynossema (September 411) und wenig später in Abydos (Spätherbst 411), und diese Siege waren in psychologischer Hinsicht große Erfolge, weil mit ihnen die Serie athenischer Mißgeschicke endete. Aber da die spartanischen Verluste letztlich moderat blieben, war mit ihnen das Problem der Präsenz einer spartanischen Flotte im Hellespont noch nicht behoben. Auch führte die äußerst schwierige Versorgungssituation im Winter 411/410 dazu, daß die athenische Flotte in einzelne Verbände aufgeteilt wurde, die in verschiedenen Gegenden Geld für die folgende Kampagne beschaffen mußten. Nur ein kleines athenisches Kontingent konnte überhaupt noch in der Nähe des Hellespont verbleiben. Erschwerend kam hinzu, daß die Spartaner in diesem Raum auf die aktive Unterstützung von Pharnabazos, dem mit Tissaphernes konkurrierenden und in Daskyleion residierenden Satrapen des hellespontischen Phrygien, rechnen konnten.

Fundamental änderten sich die Verhältnisse erst durch den großen Sieg von Kyzikos im Frühjahr 410. Durch die umsichtige Leitung des Alkibiades hatte sich eine große athenische Flotte im Marmarameer bei Prokonnesos vereinen können, ohne daß der Feind dies bemerkte. Zwar hatte man auf spartanischer Seite offenkundig von der Anfahrt einiger athenischer Kontingente erfahren, und Mindaros unterzog aus diesem Grund seine Gesamtflotte in den Gewässern vor Kyzikos einem harten Rudertraining, um für alle Eventualitäten gerüstet zu sein. Völlig überrascht war man dann aber, als während dieser Ruderübungen plötzlich die athenische Gesamtflotte erschien. Angesichts der numerischen Überlegenheit der Athener blieb den Truppen des Mindaros nichts anderes, als sich auf das Festland zu retten und die Schiffe den Feinden zu überlassen. Im lakonisch knappen Stil meldete ein Untergeneral des Mindaros die Katastrophe nach Sparta: «Die Hölzer (d. h. Schiffe) sind dahin, Mindaros tot. Die Männer hungern. Wir wissen nicht, was zu tun ist.» (Xenophon *Hellenika* 1,1,23)

Der herausragende Sieg von Kyzikos löste in Athen große Euphorie aus. Ein spartanisches Friedensangebot wurde abgelehnt. Um dem Ziel einer umfassenden Wiederherstellung der alten Herrschaft näher zu kommen, wurde ein in Athen neurekrutiertes Flottenkontingent mit einer großen Hoplitentruppe unter Thrasyllos nach Ionien geschickt, das allerdings vor Ephesos eine empfindliche Schlappe hinnehmen mußte. Mit der Hellespontflotte setzte Alkibiades in den Jahren 409 und 408 seine Versuche fort, einen Teil der 411 abgefallenen Bündnerstädte im Meerengengebiet wieder zurückzugewinnen. Von besonderer Bedeutung war die (teilweise weniger durch den Einsatz militärischer Stärke als vielmehr durch Diplomatie zustandegebrachte) Wiedergewinnung von Kalchedon und Byzanz. Um dem Dauerproblem der Kriegsfinanzierung Herr zu werden, wurde in Chrysopolis, gegenüber von Byzanz, eine Flottenabteilung stationiert, die allen vom Schwarzen Meer in das Marmarameer einfahrenden Schiffen eine Abgabe von 10% des Warenwerts abnahm. Ansonsten versuchte man die Kriegführung durch Beutezüge in das Hinterland zu finanzieren, und selbst die treueren Bündner waren vor räuberischen Geldsammelaktionen nicht geschützt. Unter den tristen Bedingungen einer immer schleppender verlaufenden Kriegführung hatte sich die zuversichtliche Stimmung vom Anfang 410 ein oder zwei Jahre später wieder gelegt.

In der Stadt Athen änderte sich unter diesen Umständen die Haltung zu Alkibiades, den man zunächst wegen seiner Erfolge bejubelt hatte. Nicht nur die Zähigkeit des Krieges, in den Alkibiades selbst verwickelt war, sondern auch 409 erlittene Rückschläge auf dem griechischen Festland, wie der Verlust des megarischen Hafens Nisaia und auch der bis zu diesem Jahr gehaltenen Festung Pylos, hatten eine schwierige Situation geschaffen. Die Kritik an Alkibiades wurde immer lauter, und wenn Alkibiades seine Wiederwahl als Stratege und die Kontrolle der athenischen Politik sichern wollte, war es unumgänglich, daß er nach langer Abwesenheit wieder nach Athen zurückkehrte. Thrasyllos und Thrasyboulos wurden mit einzelnen Kontingenten vorausgeschickt. Nach einer Aktion in Karien, wo er durch Plünderungsaktionen im Keramischen Golf die finanzielle Situation zu bessern suchte und immerhin 100 Talente einsammeln konnte, wagte Alkibiades selbst schließlich im Juni 408 die Einfahrt in den Piräus. Dabei war er bis zum Schluß unsicher, wie stark seine Anhänger in Athen überhaupt noch waren. Aber zu seiner Erleichterung hatte die für ihn arbeitende Hetairie die Lage im Griff. In der Volksversammlung, in der Alkibiades den Athenern gegenübertrat, waren die Gegner eingeschüchtert und mundtot gemacht worden. Die begeisterte Mehrheit legte in einem förmlichen Beschluß fest, daß Alkibiades als «hegemon autokrator» die Richtlinien der athenischen Kriegführung bestimmen sollte. Als der Feldherr ein Vierteljahr später mit einer neurekrutierten Flotte von 100 Schiffen und 1500 Hopliten in See stach, hoffte man, er werde mit neuem Elan nun endlich auch Ionien wieder zurückgewinnen.

3. Das zweite Exil des Alkibiades und die Schlacht bei den Arginusen (407–406)

Alkibiades segelte mit seiner Flottenstreitmacht über Andros zur Hauptbasis Samos. Von dort aus unternahm er im Frühjahr 407 die ersten Schritte zur Wiedergewinnung Ioniens, indem er mit einem Hoplitenaufgebot in der Gegend von Phokaia operierte. Die Flotte hatte er in Notion zurückgelassen. Ihre Hauptaufgabe bestand darin, die neu aufgebaute spartanische Flotte zu beobachten, die sich im Nachbarhafen Ephesos versammelt hatte. Daß die Peloponnesier für die Konfrontation mit Alkibiades gut gerüstet waren, verdankten sie dem neuen Nauarchen Lysandros, der die Kriegführung im Dekeleischen Krieg in ähnlicher Form dynamisierte wie dies im Archidamischen Krieg dem Brasidas gelungen war. Entscheidend war vor allem, daß Lysandros eine persönliche Beziehung zum 408 in Kleinasien neu eingetroffenen persischen Oberbefehlshaber (Karanos), dem Königssohn Kyros, aufbauen konnte. Während Tissaphernes laviert und gezögert hatte und auch nach dem dritten mit den Spartanern geschlossenen Vertrag oft nur bei Versprechungen blieb – vor allem, was den angeblichen Einsatz einer phönikischen Flotte betraf –, gelangten nun die persischen Mittel ohne Einschränkung und in reichem Maße an die Sparaner.

Die Verantwortung über das in Notion unweit von Ephesos zurückgelassene athenische Flottenaufgebot hatte ein Steuermann der Admiralstriere des Alkibiades namens Antiochos. Seine Stellung hatte keinen amtlichen Charakter. Er war nicht gewählt und konnte daher auch kein Aufgebot von athenischen Bürgern in einen Kampf führen. Die in der späten Tradition entwickelte Vorstellung, Antiochos sei in einem Anflug von Größenwahn in den Hafen von Ephesos eingefahren, weil er selbst danach gestrebt habe, eine Seeschlacht zu schlagen, ist daher sehr fraglich. Die sogenannte Schlacht von Notion entwickelte sich vielmehr aus einer verhängnisvollen Panne, die Antiochos bei der Beobachtung der Flotte des Lysandros unterlief. Solche Spionageaktionen und kühnen Erkundungsfahrten waren für die Kriegführung unerläßlich. Als Antiochos aber zu tief in den Hafen von Ephesos eingefahren war, hatte Lysandros schneller als erwartet seine Schiffe ins Wasser gezogen, bemannt und die Triere des Antiochos und seine Begleittriere angegriffen. In aufgelöster Ordnung versuchten nun andere Schiffe der athenischen Flotte dem Antiochos zu Hilfe zu kommen. Die auf Seiten Athens ohne reguläres Kommando geführte Auseinandersetzung endete damit, daß die Gesamtflotte in wilder Flucht nach Samos fuhr und fünfzehn Schiffe verloren gingen.

Der abwesende Alkibiades wurde für die Vernachlässigung der Flottenführung verantwortlich gemacht. Die Schlappe von Notion gab so den Ausschlag dafür, daß Alkibiades die knappe Mehrheit, die ihn in der Volksversammlung unterstützte, einbüßte und sich seine Feinde in den Strategenwahlen vom Frühjahr 407 durchsetzten. Da er in der 408 neurekrutierten Flotte ebenfalls nur noch geringen Anhang hatte, ging er freiwillig ins Exil. Unter seinen Nachfolgern verschlechterte sich die Lage Athens rapide, obwohl die Stadt auch nach der Schlacht von Notion an sich immer noch über das numerisch überlegene Flottenaufgebot verfügte und obwohl auf der Gegenseite Kallikratidas, der neue für 407/406 eingesetzte spartanische Nauarch, aufgrund der Intrigen seines mißgünstigen Vorgängers Lysandros keine Unterstützung seitens der Perser mehr erhielt.

Die operative Führung der athenischen Flotte übernahm nach dem Abgang des Alkibiades Konon, der aufgrund der finanziellen Notlage im Winter 407/406 die Flotte stark reduzierte. Kallikratidas gelang es, diese Flotte nach einer Schlacht in den Hafen von Mytilene einzuschließen. Die Athener reagierten mit einem beispiellosen Kraftakt, um ihre Männer zu befreien. Sie rüsteten noch einmal eine große Flotte von 110 Schiffen aus, zu deren Bemannung neben Theten zahlreiche Sklaven, aber auch Hopliten und Reiter eingesetzt wurden. Finanziert wurde diese Entsatzflotte mit der Einschmelzung der im Parthenon aufbewahrten Edelmetallgeräte, und selbst die goldenen Statuen der Siegesgöttin wurden in Goldprägungen umgemünzt. Gleich acht Strategen übernahmen in kollektiver Verantwortung das Kommando. Als sie im Kanal, der Lesbos vom Festland trennt, bei der kleinen Inselgruppe der Arginusen auf die feindliche Flotte stießen, wählten sie eine Taktik, die dem Umstand Rechnung trug, daß die Rudermannschaften kaum nautische Erfahrungen hatten. Um den Durchbruch der Feinde im *diekplous*-Manöver zu verhindern, wurden die Schiffe nicht in einer einzigen langen Linie, sondern in mehreren Linien hintereinander angeordnet. Diese Taktik sollte sich als richtig erweisen, und Kallikratidas verlor Schlacht und Leben. Allerdings waren die Verluste auch für die Athener beträchtlich, die ungefähr 2000 Tote zu beklagen hatten. Im Wirrwarr nach der Schlacht war insbesondere versäumt worden, vor einem aufkommenden Sturm die Männer, die auf beschädigten Schiffen im Wasser trieben, zu bergen, obgleich die Zeit bei einer kompetenten Koordination dafür hätte reichen müssen.

Trotz ihres Sieges wurden daher die Strategen nach Athen zurückberufen und wenig später unter Anklage gestellt. Sechs Strategen, unter ihnen der Sieger von Kynossema Thrasyllos, aber auch Perikles, der Sohn des bekannten Feldherrn, wurden nach einem äußerst tumultuarisch verlaufenden Prozeß von der Volksversammlung zum Tode verurteilt. Zwei Strategen hatten es vorgezogen, gar nicht nach Athen zurückzukehren. Der sogenannte Arginusenprozeß gilt zu Recht als ein Tiefpunkt der innenpolitischen Geschichte Athens. Allerdings sind die Meinungen darüber geteilt, worin dieser Tiefpunkt bestand. In der Nachfolge antiker Demokratiekritik wird bis in die heutige Zeit angenommen, die Athener hätten sich in diesem Prozeß willkürlich über ihre eigene Rechtsordnung hinweggesetzt. Man darf aber durchaus in Frage stellen, ob der Prozeß in dieser Hinsicht eine dramatische Ausnahme darstellte. Denn politische Prozesse im antiken Athen hatten mit Rechtsprechung in unserem Sinne ohnehin wenig zu tun, sie waren vielmehr eine Fortführung innenpolitischer Kämpfe mit anderen Mitteln und dienten dazu, die durchaus parteiisch verstandenen Interessen einer mit dem Volk identifizierten Mehrheit durchzusetzen. In diesem Sinne waren andere Strategenprozesse, an denen das fünfte, vor allem aber das vierte Jahrhundert reich war (eine aktuelle Zusammenstellung zählt für beide Jahrhunderte 65 bekannte Fälle auf!), keineswegs gerechter als der Arginusenprozeß. Auch muß man vermuten, daß Prozesse, die vor der Volksversammlung oder den großen, aus Bürgern gelosten Geschworenengerichten geführt wurden, immer wieder in einer emotionsgeladenen und tumultuarischen Atmosphäre stattfanden, in der es zu Verstößen gegen die gültige Prozeßordnung kam. Die bisweilen geäußerte Vermutung, die kollektive Aburteilung sei in Athen nicht rechtens gewesen und zumindest in dieser Hinsicht hätten sich die Athener über ihr eigenes Recht hinweggesetzt, scheint angesichts der Tatsache fragwürdig, daß die Strategen am Schlachtort als Kollegium in kollektiver Verantwortlichkeit agiert hatten. Die Erzählungen, der athenische Demos habe später tiefe Reue über den Verlauf des Prozesses empfunden und damit selbst dessen Unrechtscharakter zugegeben, lassen sich in ihrer Gesamtheit als späte Legendenbildung entlarven.

Tiefpunkt der innenpolitischen Geschichte Athens während des Peloponnesischen Krieges war der Prozeß wohl eher deshalb, weil in ihm die Rivalitäten zwischen Politikern zu einer bürgerkriegsähnlichen Situation führten, in der die «Athener übereinander herfielen» (Thuk. 2,65,12). Der Prozeß spaltete die Volksversammlung in zwei spontan gebildete Fraktionen, deren Führer auf Leben und Tod und ohne jede Rücksicht auf fatale Konsequenzen für die Kriegführung miteinander kämpften. Auf der einen Seite standen die Strategen und ihre politischen Freunde, auf der anderen Seite der Politiker Theramenes, der ohne Strategenamt als Trierarch (d. h. als Kommandant des auf seine Kosten ausgerüsteten Schiffes) an der Schlacht bei den Arginusen teilgenommen und dabei informell mit dem ebenfalls als Trierarch an der Schlacht beteiligten Thrasyboulos die Aufgabe erhalten hatte, die Schiffbrüchigen zu bergen. Ideologische Trennlinien und bisherige Parteiungen spielten bei der Herausbildung dieser Gruppierungen keine Rolle. Zu den Strategen gehörte etwa Aristokrates, der mit Theramenes gemeinsam maßgeblich gegen die radikalen Oligarchen gekämpft hatte, nun aber von Theramenes bekämpft wurde. Zu ihm gehörte auch Thrasyllos, der mit Thrasyboulos gemeinsam den demokratischen Widerstand auf Samos geleitet hatte, sich nun aber auf der Gegenseite fand.

Die unerbittliche Gegnerschaft zwischen Theramenes einerseits und den Strategen andererseits war ganz neuen Datums und ging allein auf die Ereignisse zurück, die auf die Schlacht bei den Arginusen gefolgt waren. Die Amtsführung der Strategen war nach ihrer Zurückberufung nach Athen detailliert vor dem Rat untersucht worden. Dabei machten sie – ähnlich hatten sie sich wohl auch privat geäußert – Theramenes und Thrasyboulos für die unterlassene Bergung zumindest mitverantwortlich. Der alarmierte und prozeßerfahrene Theramenes, dessen fragwürdige Rolle von 411 ohnehin noch nicht vergessen war, mußte solche Äußerungen als lebensbedrohlich empfinden und suchte sein Heil im aggressiven Gegenangriff. Als die Apaturien, eine dreitägige Feier der Geschlechterverbände, eine längere Verhandlungspause erzwangen, verstand er es, während dieser Feiern die zahlreichen Verwandten der ertrunkenen Seeleute für die kommende Entscheidung der Volksversammlung als Anhängerschaft zu mobilisieren. So konnte er den sich schon abzeichnenden, für ihn selbst gefährlichen Freispruch für die Strategen verhindern. Mit einem äußerst knappen Ergebnis wurden die Strategen schließlich im erregt hin- und herwogenden Prozeßgeschehen zum Tode verurteilt. Die athenische Demokratie verlor in einem Akt der Selbstenthauptung einen Großteil ihres zur militärischen

Führung befähigten Personals, nachdem sie bereits Alkibiades als den einzigen strategischen Kopf ins freiwillig gewählte Exil getrieben hatte.

4. Aigospotamoi (405)

Die Auswirkungen dieser Selbstenthauptung sollten sich bereits in der Kampagne des nächsten Jahres zeigen. Auf der spartanischen Seite hatte der Schock der Niederlage dazu geführt, daß man trotz heftiger innenpolitischer Widerstände auf den Feldherrn rekurrierte, der seine Fähigkeiten zu einer energischen und durchdachten Kriegführung erwiesen hatte und der darüber hinaus durch seine exzellenten Kontakte zum Königssohn Kyros entsprechende finanzielle Ressourcen für Sparta gewinnen konnte, nämlich auf Lysandros. Da die eifersüchtig auf Chancengleichheit achtende Gemeindeordnung Spartas es verbot, daß dieselbe Person zweimal das Nauarchenamt bekleidete, griff man zur trickreichen Lösung, daß Lysandros als Unteradmiral (*epistoleus*) unter dem Kommando seines formal zum Nauarchen eingesetzten Bruders Libys agierte. Die persischen Geldmittel, aber auch eine gewisse Brutalität gegenüber den neuen Bundesgenossen erlaubten es dem Lysandros, die größte Flotte zu bauen und auszurüsten, die die Spartaner bisher hatten aufbieten können. Erstaunlich ist allerdings, daß die Athener den nicht ganz 200 Schiffen des Lysandros nochmals eine etwa gleich starke Flotte gegenüberstellen konnten. Offenkundig erwartete man auch auf athenischer Seite den entscheidenden Schlagabtausch und setzte daher alles auf eine Karte. Die sich bis zur Hysterie steigernde kriegerische Stimmung illustriert ein athenischer Volksbeschluß, im Falle eines Seesieges den gefangengenommenen Ruderern der Gegenseite die rechte Hand abzuschlagen, um auf diese Weise zu verhindern, daß die Spartaner immer wieder neue Flotten rekrutieren konnten. Die Brutalität der Kriegführung hatte damit eine neue Dimension erreicht, während die kollektive Hinrichtung der Besatzungen einer andrischen und einer korinthischen Triere, die dem attischen Strategen Philokles in die Hände fielen, eher einem Muster entsprach, an das man sich bereits gewöhnt hatte.

Trotz der beachtlichen Rüstungen versagten die im Jahre 405 amtierenden athenischen Strategen (Konon, Philokles, Adeimantos, Menander, Tydeus und Kephisodotos) in ihrer Aufgabe, den Lysandros in Schach zu halten. Lysandros fuhr zunächst von Ephesos aus in den Süden, machte aber dann kehrt und gelangte, immer an der kleinasiatischen Küste entlang fahrend, in den Hellespont. Die Athener, die die Sperre von Samos verlassen hatten und westlich von Chios agierten, hatten diese Kehrtwendung nicht bemerkt. Als die alarmierten Strategen später dann ihrerseits in die Meerenge einfuhren, war es zu spät. Lysandros gelang es, Lampsakos einzunehmen und dort sein großes Schiffslager einzurichten, wo die Notwendigkeit, ungefähr 40 000 Mann zu versorgen, keine Probleme bereitete.

In der Hoffnung, Lysandros zur Seeschlacht zwingen und Lampsakos zurückerobern zu können, ließen sich die Athener auf der Halbinsel Chersonnes (Gallipoli) an den «Ziegenflüssen» (Aigospotamoi) nieder, einem Platz, der Lampsakos gegenüberlag und der vielleicht Wasser bot, aber nicht für die Versorgung einer so großen Truppe geeignet war. Nun hielt sich Alkibiades nach seiner de facto-Abwahl von 407 genau in seinen Besitzungen auf der europäischen Seite der Meerenge auf, in der naheliegenden Erwartung, dort am ehesten mit der athenischen Flotte in Kontakt kommen zu können. Als er vom athenischen Flottenlager bei Aigospotamoi erfahren hatte, glaubte er, die Gelegenheit gefunden zu haben, in ähnlicher Form wie 411 als Retter der Flotte auftreten zu können. In einer persönlichen Begegnung warnte er die athenischen Strategen davor, an diesem ungünstigen Platz zu bleiben. Diese Warnung führte genau zum gegenteiligen Ergebnis. Denn in den Strategenwahlen vom Frühjahr 405 war heftig darüber diskutiert worden, ob man angesichts der existentiellen Bedrohung Athens nicht doch wieder auf den begabten und strategisch versierten Alkibiades zurückgreifen sollte. Aus diesem Grunde fühlten die schließlich gewählten Strategen sich von der Autorität des Alkibiades in ihrer eigenen politischen Stellung bedroht. Zumindest einige der sechs Strategen versuchten, ganz offensiv mit Alkibiades zu rivalisieren und sich als die besseren Feldherren zu profilieren. Alkibiades wurde weggeschickt, und man beharrte nun erst recht darauf, das Lager bei Aigospotamoi zu belassen.

In ihrer ungünstigen Lage mußten die athenischen Flottenmannschaften jeden Tag ihre Schiffe verlassen, um aus immer größerer Entfernung Verpflegung zu besorgen, etwa aus der 20 km entfernten Stadt Sestos. Sie glaubten, dies ohne Risiko tun zu können, weil Lysandros zwar jeden Tag im Morgengrauen seine Schiffe zur Schlacht ordnete, dann aber untätig blieb, wenn die Athener im Gegenzug in den fortgeschritteneren Morgenstunden den Seekampf angeboten hatten. Nachdem dieses Ritual viermal wiederholt worden war, waren die Athener immer leichtsinniger geworden und versäumten es, eine ausreichend starke Mannschaft bei ihren Schiffen zu belassen. Am fünften Tag überquerte Lysandros die enge Meeresstraße und setzte sich fast kampflos in den Besitz der Schiffe. Denn «da sich die Leute zerstreut hatten, waren die Schiffe teils nur mit zwei Ruderreihen, teils nur mit einer besetzt, andere waren ganz leer.» (Xen. *Hellenika* 2,1,28). Die über die Halbinsel Chersonnes verteilten Athener wurden von den Hopliten des Spartaners Thorax und von den an Land gegangenen Truppen des Lysandros aufgesammelt, alle gefangenen Athener nach Lampsakos verbracht und dort kollektiv hingerichtet. Nur dem Strategen Konon gelang es, mit insgesamt acht Trieren und dem Staatsschiff Paralos zu entkommen. Die Paralos fuhr nach Athen, um die traurige Nachricht von der Niederlage zu überbringen, mit den übrigen Schiffen rettete sich Konon nach Zypern. Die Verbitterung über die kampflose Niederlage führte recht bald zur Formulierung antiker Dolchstoßlegenden, und es wurde geäußert, Verrat (etwa durch den überlebenden und von den Spartanern freigelassenen Strategen Adeimantos) sei im Spiel gewesen.

5. Kapitulation und der oligarchische Umsturz von 404

Die Nachricht von der Niederlage löste in Athen, wie nicht anders zu erwarten, großes Entsetzen aus. Die Athener fürchteten, wie Xenophon hervorhebt, nun das gleiche Los zu erleiden, daß sie in ihrer imperialen Arroganz kleineren Staaten wie Skione oder Melos zugefügt hatten. Zwischen dem völligen Verlust der Flotte in der Schlacht von Aigospotamoi (September 405) und der Kapitulation (April 404) vergingen freilich noch einmal sechs Monate. In Athen stellte man sich weiter auf den Kampf ein und versuchte die Unterstützung für den Kriegskurs durch geeignete Maßnahmen der Gesetzgebung zu vergrößern. Um die innenpolitischen Kontroversen zu beenden, wurden auf Antrag des Patrokleides durch Volksbeschluß diejenigen, die an der Oligarchie der Vierhundert beteiligt waren, ebenso rehabilitiert wie andere Personen, die wegen angeblicher Delikte gegen den Staat verurteilt worden waren. Die Samier, die als einzige Bundesgenossen nach der Niederlage zu Athen hielten, wurden für ihre Loyalität mit der Isopolitie belohnt, so daß sie in Athen die gleichen Rechte wie athenische Bürger erhielten, eine Maßnahme, die, früher angewandt, die Kohäsion des Attischen Seebundes entscheidend verstärkt hätte. Die Koordinierung der Verteidigung übernahm der seit 410 als Demagoge hervorgetretene Kleophon.

Die Blockade Athens begann im November. Von der Landseite griffen die peloponnesische Garnison von Dekeleia unter der Führung des spartanischen Königs Agis und ein zweites Aufgebot unter König Pausanias an, von der Seeseite sperrten 150 Schiffe des Lysandros die Zufuhr ab. Da man in Athen nur wenig Vorräte hatte, herrschte schon wenige Wochen später Hungersnot, so daß die Athener Friedensverhandlungen mit Sparta aufnehmen mußten. Die Forderungen Spartas klangen relativ moderat. Athen sollte vor allem auf einer Strecke von ungefähr 2 km die Langen Mauern, die Stadt und Piräus miteinander verbanden, einreißen. In Athen setzten die radikalen Kriegsbefürworter unter der Führung Kleophons durch, daß verboten wurde, die Zerstörung der Mauern auch nur zu erwägen. Um zu erkunden, was die Spartaner wirklich mit Athen vorhatten, wurde aber immerhin der gewiefte Politiker Theramenes zu Lysandros geschickt. Zwischen Kleophon und dem Rat kam es in der Folgezeit zu heftigen Auseinandersetzungen um die weitere Kriegführung, und schließlich wurde der zu keinem Einlenken bereite Demagoge durch konspirative Mittel in einem Prozeß wegen angeblicher Vernachlässigung seiner militärischen Pflichten aus dem Weg geräumt. Erst dann kehrte Theramenes nach Athen zurück. Er wurde mit anderen nach Sparta selbst geschickt, diesmal mit allen Vollmachten und dem Auftrag, die Friedensbedingungen zu vereinbaren.

Vermutlich verdankte Athen nicht zuletzt der Illoyalität des Theramenes sein Überleben, dem es kaum darum ging, die Demokratie zu retten, sondern der absichtlich bei seiner ersten Mission drei Monate bei Lysandros gewartet hatte, bis die Opposition Kleophons beseitigt war. In dieser Zeit hatte er Absprachen mit Lysandros und exilierten athenischen Oligarchen treffen können. So konnte Lysandros sich sicher sein, daß Athen nach dem Kriege als spartanischer Vasallenstaat unter einer oligarchischen, ihm persönlich ergebenen Clique seine persönliche Macht vergrößern würde. Es war daher für ihn und seine in Sparta agierenden Freunde viel interessanter, Athen als Gegengewicht zu Theben zu erhalten, als der Forderung der Korinther und Thebaner nachzugeben, die Athen völlig vernichten wollten. In der spartanischen Propaganda, die bei Xenophon oft ungefiltert wiedergegeben wird, wurden allerdings nicht solche Gründe für die Schonung Athens angeführt, sondern auf die großen Verdienste Athens in den Perserkriegen verwiesen.

In den von Theramenes nach Athen überbrachten Friedensbedingungen war festgelegt, daß die Athener in Zukunft auf ihre Seemacht zu verzichten hatten. Als Seefestung sollte Athen zerstört werden, indem die Langen Mauern und die Befestigungen des Piräus niedergerissen wurden. Von seiner Flotte durfte es nur zwölf Schiffe behalten. Schließlich mußte Athen alle auswärtigen Besitzungen räumen und Mitglied des von Sparta dominierten Peloponnesischen Bundes werden. Die oligarchischen Umstürzler von 411 und die übrigen Verbannten durften nach Athen zurückkehren. Nur eine späte Tradition besagt, daß auch der Sturz der Demokratie und die Rückkehr zur «Verfassung der Väter» (*patrios politeia*) im Friedensvertrag vereinbart gewesen sein soll. Eine solche Regelung war aber nicht notwendig. Denn zum einen garantierte die Rückkehr demokratiefeindlicher Politiker, die mit spartanischer Rückendeckung arbeiten

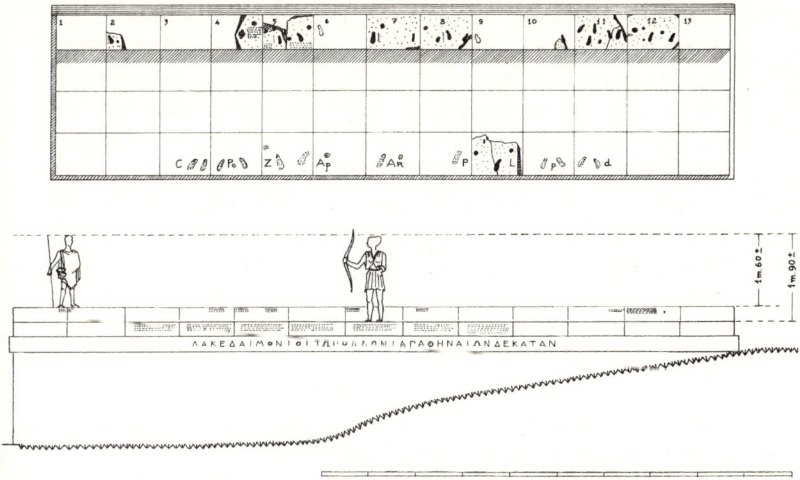

Abb. 11: Zeichnung der Basis des Nauarchenmonuments in Delphi. In der ersten Reihe befand sich Lysandros (L) neben Poseidon (P), anderen Göttern, seinem Steuermann (p) und seinem Seher (d). In der zweiten Reihe befanden sich die Unterführer (Nauarchen).

konnten, alleine schon, daß die radikale Demokratie in den bestehenden Formen kaum weiter existieren konnte. Ferner entfiel mit der Flotte, auf der die Theten Ruderdienste leisteten, ein wichtiges Element, das den Forderungen der Unterschichten Durchschlagskraft verliehen hatte. Schließlich war Athen ohnehin auch im Detail seiner Innenpolitik der jederzeit interventionsbereiten Militärmacht Spartas völlig ausgeliefert.

Die ausgehungerten Athener nahmen trotz einiger patriotischer Gegenreden die Friedensbedingungen an. Am 16. Mounychion (April/Mai) 404 fuhr Lysandros «in den Peiraieus ein, die Verbannten kehrten zurück, und man begann, die Mauern unter der Musik von Flötenspielerinnen mit großem Eifer zu zerstören» (Xen. *Hellenika* 2,2,23). Die Euphorie lag in dem Glauben begründet, «jener Tag lasse für Hellas die Freiheit beginnen.» In Wirklichkeit dachte Lysandros aber nicht daran, die von der spartanischen Propaganda erweckten Hoffnungen auf Autonomie und Freiheit zu erfüllen, mit denen man sich gegenüber den Mitgliedern des Attischen Seebundes profiliert hatte. Lysandros ließ ein prunkvolles Siegesdenkmal, das Nauarchenmonument, in Delphi und damit im Zentrum der Aufmerksamkeit der Hellenen, errichten. Es zeigte ihn, wie er im Kreise seiner Untergeneräle vom Gott des Meeres Poseidon bekränzt wurde, und machte seinen persönlichen Herrschaftsanspruch klar. Die Macht, die er als Sieger über die «Kekropiden» (wie die Athener auf der Inschrift genannt wurden) errungen hatte, wollte er nur soweit mit dem spartanischen Staat teilen, als dieser von ihm kontrolliert wurde.

Den Ägäisraum beherrschte er bereits seit seiner ersten Nauarchie durch Netzwerke von «Freunden» und «Gefährten». Diese persönliche Herrschaft baute er nach dem Sieg über Athen weiter aus. Ihm ergebene, als lokale Garnisonskommandeure eingesetze Offiziere aus Sparta (Harmosten) und kleine oligarchische Cliquen von zehn ausgewählten Parteigängern (sogenannten Dekarchien) kontrollierten die Städte in der Inselwelt und an der kleinasiatischen Küste. Für Athen wurden die Dinge in einer ähnlichen Weise disponiert, indem die radikalen Oligarchen bei ihrem Umsturz der athenischen Demokratie unterstützt wurden. Diese hatten wie die Verschwörer von 411 auf ein scheindemokratisches Vorgehen Wert gelegt und von der Volksversammlung einen Ausschuß von dreißig Männern wählen lassen, die mit der als überfällig empfundenen Sichtung und Neufassung der althergebrachten Verfassungsgesetze beauftragt worden waren. Diese dreißig Syngrapheis («Verfasser» der neu zu redigierenden Gesetze) mutierten nun zu einem Athen diktatorisch regierenden Ausschuß (den sogenannten «Dreißig Tyrannen»), vor allem nachdem auf ihre Bitte eine spartanische Besatzungstruppe unter dem Harmosten Kallibios in Athen eingerückt war. Erst jetzt erfuhren die Athener, was die Niederlage und die Kontrolle Athens durch Lysandros für sie wirklich bedeutete, nämlich die Auslieferung an eine mit Sparta paktierende terroristische Gruppierung.

In den seit langem diskutierten Bestrebungen, die Zahl der berechtigten Vollbürger zu reduzieren, gingen die Dreißig weit über das hinaus, was die Oligarchen von 411 erreicht hatten.

Nur noch 3000 auch «politisch zuverlässige» Athener sollten an dem neuen Staat beteiligt werden. Nachdem die Dreißig die Opposition in ihren eigenen Reihen unterdrückt und insbesondere den Theramenes in einem Schauprozeß beseitigt hatten, gingen sie daran, ihr radikales Programm umzusetzen. Diejenigen, die nicht zu den erwählten, mit den Oligarchen persönlich verbundenen 3000 gehörten, wurden enteignet und mußten, soweit sie nicht ermordet wurden, das Land verlassen, bis sich «Megara und Theben mit den Vertriebenen füllten» (Xenophon *Hellenika* 2,4,1).

Die oligarchische Revolution von 404 war die unmittelbare Konsequenz der athenischen Niederlage. Wenn Athen sich sehr bald nach diesem absoluten Tiefpunkt seiner Geschichte wieder erholen konnte, lag dies gewiß zum Teil an der auch in diesem Fall wieder offenbarten, beispiellosen kollektiven Energie, der von Thukydides gerühmten *dynamis*. Mit einer umfassenden Amnestieregelung fanden die Athener etwa zu einer kreativen Lösung, durch die die Kluft zwischen Demokraten und den oligarchischen Dreitausend nach der Wiederherstellung der Demokratie 403 überwunden und der Teufelskreis von Staseis, von Revolution und Gegenrevolution, wie er in vielen griechischen Stadtstaaten üblich war, durchbrochen werden konnte. Letztlich hatten die Athener aber auch Glück, profitierten sie doch im richtigen Augenblick von den Zwistigkeiten in der spartanischen Führungsschicht. Der spartanische König Pausanias unterstützte die verbannten Demokraten bei ihrer Rückkehr vor allem deshalb, weil er mit Lysandros verfeindet war und daher auch keine Sympathie für dessen athenischen Erfüllungsgehilfen hatte.

Auch der nach der Wiederherstellung der Demokratie einsetzende außenpolitische Wiederaufstieg war von Faktoren begünstigt, für die Athen nicht verantwortlich war. Athen konnte sich beim Ausbruch des Korinthischen Krieges (395–386) genau mit den Mittelmächten verbünden, deren Interessen die Spartaner wie schon im Nikias-Frieden vernachlässigt hatten. Durch diesen Krieg etablierte es sich wieder als Flottenmacht, und mit der Anerkennung des Besitzes seiner alten Kleruchien (Bürgeransiedlungen) Lemnos, Imbros und Skyros im Königsfrieden von 387/386 waren erste Positionen auf dem Weg zur Gründung eines neuen ägäischen Machtsystems gewonnen. Mit der Vernichtung der spartanischen Militärmacht in Leuktra (371) durch Theben hatte Athen schließlich, ohne es angestrebt zu haben, nicht einmal zwei Generationen nach dem Peloponnesischen Krieg seine siegreiche Rivalin überlebt. Das «alte, colossale Athen» (Niebuhr), wie es bis zum Peloponnesischen Krieg existiert hatte, war zu diesem Zeitpunkt freilich bereits Geschichte.

Anhang

Zeittafel

435	Schlacht bei Leukimme
433	Schlacht bei den Sybota-Inseln
432	(Frühjahr): Abfall von Poteidaia. Spartanische Feststellung, daß Frieden gebrochen ist.
431–421	*Archidamischer Krieg*
431	(Frühjahr): Überfall der Thebaner auf Plataiai. Beginn des Krieges
431	(Mai): Erster Peloponnesischer Einfall in Attika
430	Prozeß gegen Perikles. Ausbruch der Pest
429	Tod des Perikles nach Wiedereinsetzung
428	Abfall von Mytilene
427	Fall von Mytilene. Bürgerkrieg auf Korkyra. Erste Sizilienexpedition
426	Gründung von Herakleia Trachinia
425	Besetzung von Pylos durch Demosthenes. Gefangennahme der Spartiaten auf Sphakteria durch Kleon
424	Athenische Niederlage beim Delion in Böotien. Brasidas nimmt Amphipolis
421	Abschluß des Nikias-Friedens
421–413	*Zwischenkriegszeit (Nikias-Frieden)*
418	Schlacht von Mantineia
417 (oder 416?)	Hyperbolos-Ostrakismos
415	Nikias, Lamachos und Alkibiades brechen mit athenischem Expeditionsheer nach Sizilien auf.
414	Gylippos trifft in Syrakus ein.
413	(Juli): Demosthenes trifft mit zweiter athenischer Flotte in Syrakus ein. August: Vernichtung der gesamten athenischen Streitmacht
413–404	*Dekeleischer Krieg*
412	Abfall von Milet und anderen ionischen Städten. 411 fallen Rhodos, dann auch Abydos, Byzanz, Chalkedon und Kyzikos ab.
411	Herrschaft der 400. Alkibiades von der Flotte zum Strategen gewählt. Herbst 411: Verfassung der 5000. Im Herbst und am Winteranfang: Schlachten von Kynossema und Abydos
410	Frühjahr: Seeschlacht von Kyzikos. Wiederherstellung der Demokratie

409	Einnahme von Byzanz durch Alkibiades. Pylos und Nisaia gehen für Athen verloren.
408	Rückkehr des Alkibiades nach Athen. Wahl zum *hegemon autokrator*
407	Schlacht von Notion. 2. Exil des Alkibiades
406	(Ende Juli): Seeschlacht bei den Arginusen (September): Arginusenprozeß
405	(September): Seeschlacht von Aigospotamoi. Athen verliert seine Flotte.
404	(April): Nach einer langen Hungerblockade kapituliert Athen.

Hinweise zur Forschungslage und zu weiterführender Literatur

In einer Darstellung kann nur in Ausnahmefällen erklärt werden, warum diese oder jene Sicht der Dinge bevorzugt wird. Die grundsätzliche Entscheidung, nicht nur in der Übernahme der Fakten, sondern auch in der Analyse und Deutung des Kriegsgeschehens für die Zeit bis zum Dekeleischen Krieg großenteils Thukydides zu folgen, habe ich in der Einleitung begründet. Das entspricht am ehesten auch den Zwecken einer allgemeinen Einführung, die nicht Originalität, sondern (trotz einiger persönlicher Akzente) die Darstellung einer auf breiter Basis akzeptierten Sicht der Dinge anstrebt. Für die Zeit von 411 bis 404 folge ich dem Prinzip, die Erzählung Xenophons gegenüber dem Autor der Hellenika Oxyrhynchia und der von ihm abgeleiteten Traditionen konsequent zu privilegieren. Vgl. dazu B. Bleckmann, *Athens Weg in die Niederlage. Die letzten Jahre des Peloponnesischen Krieges (411–404)*, Stuttgart 1998 (dort auch die Begründung für die Übernahme der frühen Chronologie Haackes) und ders., *Fiktion als Geschichte. Neue Studien zum Autor der Hellenika Oxyrhynchia und zur Historiographie des vierten vorchristlichen Jahrhunderts*, Göttingen 2006.

Gesamtdarstellungen des Peloponnesischen Krieges (bisweilen im Rahmen einer vollständigen Darstellung der griechischen Geschichte des 5. Jahrhunderts oder der athenisch-spartanischen Beziehungen) bieten etwa:

G. Busolt, *Griechische Geschichte bis zur Schlacht bei Chaeroneia. III.2. Der peloponnesische Krieg*, Gotha 1904.

K.-W. Welwei, *Das klassische Athen. Demokratie und Machtpolitik im 5. und 4. Jahrhundert*, Darmstadt 1999.

R. Schulz, *Athen und Sparta*, Darmstadt 2005².

Eine sehr breite, aber nicht immer scharf analysierende Darstellung des Peloponnesischen Krieges bietet das mehrbändige Werk von

D. Kagan, *The Outbreak of the Peloponnesian War*, Ithaca – London 1969; *The Archidamian War*, Ithaca – London 1987²; *The Peace of Nicias and the Sicilian Expedition*, Ithaca – London 1981; *The Fall of the Athenian Empire,* Ithaca – London 1987.

Zur Kampftechnik, Taktik, Militärorganisation vgl. V. D. Hanson, *A War like no other. How the Athenians and Spartans fought the Peloponnesian War*, New York 2005.

J. F. Lazenby, *The Peloponnesian war. A military study*, London – New York 2004.
D. Hamel, *Athenian Generals. Military Authority in the Classical Period*, Leiden – Boston – Köln 1998.

Das beste Bild des Peloponnesischen Krieges vermittelt die Lektüre des Thukydides selbst, von dem zwei deutsche Übersetzungen vorliegen:

Thukydides. Der Peloponnesische Krieg. Übersetzt und herausgegeben von H. Vretska und W. Rinner, Stuttgart 2004.
Thukydides. Geschichte des Peloponnesischen Krieges. Herausgegeben und übertragen von Georg Peter Landmann, Zürich – München 1976².

Aus der umfangreichen Literatur zum Oeuvre des Thukydides sei verwiesen auf:

H. Leppin, *Thukydides und die Verfassung der Polis. Ein Beitrag zur politischen Ideengeschichte des 5. Jahrhunderts v. Chr.*, Berlin 1999.
George Cawkwell, *Thucydides and the Peloponnesian War*, London 1997.
Hermann Strasburger, *Die Entdeckung der politischen Geschichte durch Thukydides* [1954], in: Hans Herter (Hrsg.), *Thukydides*, Darmstadt 1968, 412–476.

Für die Zeit nach Thukydides:

Xenophon, Hellenika. Griechisch-deutsch herausgegeben von Gisela Strasburger, München 1970.
Hellenika von Oxyrhynchos. Herausgegeben, übersetzt und kommentiert von Ralf Behrwald, Darmstadt 2005.
Diodorus Siculus. Griechische Weltgeschichte. Buch XI–XIII. Übersetzt von Otto Veh. Eingeleitet und kommentiert von Wolfgang Will, Stuttgart 1998.

Zum Ausbruch des Peloponnesischen Krieges und zum Archidamischen Krieg:

W. R. Connor, *The New Politicians of Fifth-Century Athens*, Princeton 1971.
M. Intrieri, *Biaios didaskalos. Guerra e stasis a Corcira fra storia e storiografia*, Rubbettino 2002.
G. E. M. de Ste Croix, *The Origins of the Peloponnesian War*, London 1972.
N. Geske, *Nikias und das Volk von Athen im Archidamischen Krieg*, Stuttgart 2005.
J. J. Price, *Thucydides and Internal War*, Cambridge 2001.
W. Will, *Thukydides und Perikles. Der Historiker und sein Held*, Bonn 2003.

Nikias-Frieden und Sizilienexpedition:

O. Aurenche, *Les groupes d'Alcibiade, de Léogoras et de Teucros. Remarques sur la vie politique athénienne en 415 avant J.-C.*, Paris 1974.

J. Hatzfeld, *Alcibiade. Étude sur l'histoire d'Athènes à la fin du Ve siècle*, Paris 1954².
P. Green, *Armada from Athens*, London – Sydney – Auckland – Toronto 1971.
L. Kallet, *Money and the Corrosion of Power in Thucydides: The Sicilian Expedition and its Aftermath*, Berkeley 2001.
H.-P. Stahl, *Literarisches Detail und historischer Krisenpunkt im Geschichtswerk des Thukydides: die Sizilische Expedition*, Rheinisches Museum 145, 2002, 68–107.

Dekeleischer Krieg:
B. Bleckmann, *Athens Weg in die Niederlage. Die letzten Jahre des Peloponnesischen Krieges (411–404)*, Stuttgart 1998.
Robert J. Buck, *Thrasybulus and the Athenian Democracy. The Life of an Athenian Statesman*, Stuttgart 1998.
H. Heftner, *Der oligarchische Umsturz des Jahres 411 v. Chr. und die Herrschaft der Vierhundert in Athen. Quellenkritische und historische Untersuchungen*, Frankfurt 2001.
G. A. Lehmann, *Überlegungen zur Krise der attischen Demokratie im Peloponnesischen Krieg: Vom Ostrakismos des Hyperbolos zum Thargelion 411 v. Chr.*, Zeitschrift für Papyrologie und Epigraphik 69, 1987, 33–73.
G. A. Lehmann, *Die revolutionäre Machtergreifung der «Dreißig» und die staatliche Teilung Attikas (404–401 v. Chr.)*, in: Antike und Universalgeschichte. Festschrift H. E. Stier, Münster 1972, 201–233.
E. Lévy, *Athènes devant la défaite de 404*, Athen – Paris 1976.
D. Lotze, *Lysander und der Peloponnesische Krieg*, Berlin 1964.

Bildnachweis

Abb. 1, 2, 3, 6, 8, 10: Peter Palm, Berlin
Abb. 4: cartomedia, Angelia Solibieda, Karlsruhe (nach Neuer Pauly, s.v. Peloponnesischer Krieg)
Abb. 5: (links) Aus Eckhard Wirbelauer (Hrsg.), Antike, Oldenbourg Geschichte Lehrbuch, Oldenbourg Wissenschaftsverlag, München 2004, S. 31; (rechts) © 1988 Paul Lipke/Trireme Trust
Abb. 7: Nationalmuseum Kopenhagen Department of Classical and Near Eastern Antiquities, Inv. Nr. ChrVIII967
Abb. 9: Aus Der Kleine Pauly, Lexikon der Antike, Band VI, Stuttgart 1964, s.v. Syrakusai.
Abb. 11: Aus Jean Pouilloux – Georges Roux, Enigmes à Delphes, Paris 1963, S. 57, Abb. 18.

Register